As cores de Alice

JULIANA FEREZIN HECK

As cores de Alice

CorreioFraterno

© 2019 Juliana Ferezin Heck

Editora Espírita Correio Fraterno
Av. Humberto de Alençar Castelo Branco, 2955
CEP 09851-000 – São Bernardo do Campo – SP
Telefone: 11 4109-2939 – WhatsApp: 11 95029-2684
correiofraterno@correiofraterno.com.br
www.correiofraterno.com.br

Vinculada ao   *www.laremmanuel.org.br*

1ª edição – Novembro de 2019
Do 1º ao 3.000º exemplar

Impresso no Brasil
Presita en Brazilo – Printed in Brazil

COORDENAÇÃO EDITORIAL
Cristian Fernandes

PREPARAÇÃO DE TEXTO
Eliana Haddad e Izabel Vitusso

CAPA E PROJETO GRÁFICO DE MIOLO
Bruno Tonel

CATALOGAÇÃO ELABORADA NA EDITORA

Heck, Juliana Ferezin
  As cores de Alice / Juliana Ferezin Heck. – 1ª ed. –
São Bernardo do Campo, SP : Correio Fraterno, 2019.
  160 p.

  ISBN 978-85-5455-024-0

1. Romance espírita. 2. Espiritismo. 3. Narrativas pessoais.
4. Histórias de vida. I. Título. II. Falconi Filho, Armando.

        CDD 133.93

"Vossos filhos não são vossos filhos.
São os filhos e as filhas da aspiração divina pela vida.
Vêm por vosso intermédio, mas não de vós;
E embora estejam convosco, não vos pertencem.

(...)

Sois os arcos com os quais vossos filhos
são lançados qual flechas vivas.
O Arqueiro aponta na direção do infinito,
e vos curva com Sua força para que Suas flechas
sejam lançadas, rápidas e certeiras, para bem longe.
Ao deixar-se encurvar pelas mãos
d'O Arqueiro, sede felizes;
Pois assim como Ele ama a flecha que voa,
ama também o arco que é estável."

Gibran Khalil Gibran, em O *profeta*

Sumário

Introdução

Nada se faz sem um fim inteligente
e, seja o que for que aconteça,
tudo tem a sua razão de ser.

Allan Kardec, em O *evangelho*
segundo o espiritismo, cap. 5-1

QUANDO MINHA PRIMEIRA filha desencarnou, resolvi contar nossa história, porque escrever sempre foi terapêutico para mim. Foi uma forma encontrada para racionalizar tantos sentimentos contraditórios e canalizar a energia da tristeza. Assim nasceu o livro O *perfume de Helena.*[1]

Fiz tudo com muito cuidado, pois sabia que muitas mães, passando pela mesma dor que a minha, leriam aquelas palavras em busca de explicações e consolo. Estou longe de querer ser um modelo de como vivenciar o luto! Só queria mostrar o quanto a doutrina espírita é consoladora.

Três anos depois, aqui estou novamente para compartilhar uma nova experiência: o nascimento de Alice. Foram muitos pedidos para eu escrever novamente, dando continuidade à história. Na grande maioria das vezes, partindo de mães passando pela mesma dor e

---

[1] Ed. Correio Fraterno, 2017.

que viram no nascimento da minha segunda filha uma esperança de dias melhores.

Foi justamente a expectativa criada em torno desta gestação que me fez pensar em escrever outra vez.

Mas eu logo digo às pessoas que estão passando por dores semelhantes que não existe passe de mágica, uma receita para se ver livre de sentimentos difíceis, para se conseguir da vida sua nova chance. A ideia aqui é mostrar como cheguei ao caminho que me fez transformar o meu modo de ver a vida, as pessoas e a dor do outro. Todo o resto, é parte desse processo e consequência de novas escolhas.

Que essa leitura possa ajudá-las a encontrar as suas estradas, mudar as perspectivas do que realmente importa na vida e, a partir daí, colherem os frutos dessas novas escolhas.

A morte precoce de uma pessoa querida, seja ela em qual idade acontecer, é sempre desafiadora. Envolve muitos questionamentos em torno da justiça do homem e, principalmente, da justiça divina. Quando acontece de forma violenta, passamos a buscar culpados e exigimos reparação; quando vem por meio de uma doença, tendemos a colocar nas mãos de médicos ou cuidadores a responsabilidade pelo ocorrido. Ainda que possamos responsabilizar alguém, vale a reflexão: Será que devemos?

Em *O evangelho segundo o espiritismo*,[2] Allan Kardec transcreve a passagem em que Jesus fala sobre o

---

[2] Cap. 8, item 11.

escândalo: "Ai do mundo por causa dos escândalos; porque é necessário que venham escândalos; mas ai do homem por quem o escândalo venha".[3]

Lendo isso, volto a questionar: devemos sacrificar o responsável pelo 'escândalo'? Somos todos imperfeitos e, na nossa imperfeição, diante da dor, costumamos esquecer da justiça divina – a que nunca falha. Deus não deixaria ninguém por conta do acaso. Confiar um de seus filhos nas mãos de alguém que possa errar e permitir que ele perca sua vida por conta de um erro é o mesmo que acreditar que, por alguns segundos, o Pai feche seus olhos e permita a partida de um de seus filhos antes da hora.

Aquele que errou arcará com as consequências de sua negligência, arrogância ou violência. Se não se ajustar perante os homens, colherá os frutos de suas más ações em outras existências, porque a lei divina assim o permite, novas oportunidades de acertos, bem como nos permite que nesta existência possamos aprender tanto com nossos filhos, espíritos corajosos que, junto de nós, também expiam suas dores para, depois, também retornarem com sua bagagem aqui adquirida para o plano espiritual.

Mas, e quando a partida prematura nada tem de acidental, ou acontece sem que possamos responsabilizar alguém ou algo? Aí nossa fé é, definitivamente, colocada à prova.

---

[3] Mateus, cap. 18, vv. 6 a 11.

Em qualquer um dos casos acima citados, ter a certeza da justiça, do amor e da misericórdia de Deus é o que nos assegura uma caminhada menos dolorosa. E pensando nisso foi que decidi compartilhar essa minha nova experiência, os desafios de uma nova gestação. Teve medo, teve ansiedade, mas também teve muito amor e alegria!

Relembrando minha história com Helena

HELENA NASCEU DIA 25 de novembro de 2015, depois de uma gestação tranquila e sem intercorrências, porém com dúvidas em relação a um provável quadro sindrômico – suspeita levantada durante um exame de ultrassom na décima segunda semana de gestação.

Logo após seu nascimento, nossa bebê desenvolveu um desconforto respiratório e a pediatra que a acompanhava achou mais prudente encaminhá-la para a UTI neonatal. Examinada pelos médicos responsáveis, levantou-se a hipótese de ela ser portadora da Síndrome de Edwards, caracterizada pela trissomia do cromossomo 18, devido às suas características físicas e também pelos problemas de saúde, identificados mais tarde por exames específicos. Lá ela permaneceu até seu último dia de vida neste mundo, vindo a desencarnar em 15 de janeiro de 2016, aos 51 dias de vida.

As horas ao lado de Helena foram intensas, difíceis e, na maior parte das vezes, dolorosas. Os anos sem nossa filha, no entanto, têm sido transformadores. Relembrar nosso tempo juntas e todo esforço, dedicação e resignação, exigidos para o seu cuidado, foram essenciais para ressignificarmos o luto e darmos um novo sentido à vida. Um processo lento, de muitos altos e baixos, mas cheio de lições valorosas e muito importante para renovar a esperança de dias mais felizes.

Digo que tive sorte em conhecer a doutrina espírita antes de viver a dor de me despedir de minha filha. Não fossem os esclarecimentos em torno da vida após a morte e o conhecimento adquirido sobre todo o processo, envolvendo a reencarnação e suas nuances em torno das provas e expiações necessárias para o desenvolvimento moral do espírito, eu teria entrado num intenso ciclo de desânimo, depressão, ou deixado o medo tomar conta dos meus pensamentos, impedindo a chegada de Alice.

Contei minha experiência com nossa primogênita no livro *O perfume de Helena* com o objetivo de mostrar o quanto o entendimento sobre a imortalidade da alma, a pluralidade das existências e o planejamento reencarnatório permitiu que eu não perdesse minha fé, fazendo-me lembrar das palavras do escritor Léon Denis (1846-1927): "não existem desigualdades ou injustiças, mas sim consequências de atitudes e escolhas desta ou de outras vidas".

O resultado desta experiência foi só um: gratidão!

Gratidão por ter me permitido refletir sobre minha fé, minhas atitudes e meu comportamento diante de momentos difíceis. Gratidão pela transformação do meu ser e do meu caráter e, principalmente, por me tornar uma mãe infinitamente melhor. Alice chegou para completar a obra que Helena iniciou. Veio intensa, cheia de vida, trazendo novos desafios, e olhar para ela todos os dias só reforça esse sentimento.

No entanto, o caminho percorrido até o nascimento da nossa segunda filha não foi fácil. Tentei não ficar me lamentando ou deixar a tristeza me impedir de seguir em frente. Não fiquei buscando culpados, embora muitas vezes alguns questionamentos me levassem por esse caminho. Procurei conversar muito com as pessoas que me ofereciam apoio sincero, dispostas a me ouvir sem julgar ou cobrar uma postura diferente da de uma mãe saudosa e triste. Voltei a trabalhar, escrevi o livro, iniciei uma especialização, busquei ocupar meus dias de forma útil.

O tempo foi passando e a maior inquietação era: e se eu tiver que passar por tudo isso de novo? E se, no passado, minhas escolhas me lavaram a expiações ainda mais dolorosas do que a que eu tinha acabado de vivenciar? Ninguém se livra da colheita do que semeou! Eu poderia ter aprendido muito com a lição mais recente, mas isso não me assegurava um futuro de imediato mais tranquilo...

Só me restava, mais uma vez, ter fé. Afinal, o enredo da minha história já havia sido escrito antes mesmo do meu primeiro respirar aqui nesta vida. Todas as expiações e provas foram cuidadosamente colocadas diante desta existência, porque eu trouxera todas, absolutamente todas as ferramentas para vivenciá-las, superá-las e me transformar em um espírito melhor.

Deus nunca me desampararia e eu não estava jogada ao acaso, à mercê de pessoas falíveis, como eu inclusive. Sei que tenho escolhas e escolhi tentar outra vez. Ainda bem...

"... se deixamos sob o esquecimento as mais perigosas lembranças, carregamos, pelo menos, conosco o fruto e as consequências dos trabalhos recentemente conquistados, isto é, uma consciência, um julgamento e um caráter talhados por nós próprios. O que chamamos desigualdade não é outra coisa senão a herança intelectual e moral que as vidas passadas nos legam.

(...) A imortalidade, semelhante a uma cadeia sem fim, se desenrola para cada um de nós na imensidade dos tempos. Cada existência é um elo que se liga para trás e para frente, em uma cadeia distinta, a uma vida diferente, porém solidária com as outras. O futuro é a consequência do passado e, de degrau a degrau, o ser se eleva e cresce. Artífice de seus próprios destinos, o homem, livre e responsável, escolhe seu caminho, e se essa rota é difícil, as quedas que terá, os calhaus e os espinhos que irão dilacerá-lo, terão como efeito desenvolver sua experiência e fortificar sua razão.

A lei suprema do mundo é, portanto, o progresso incessante, a ascensão dos seres para Deus, fonte das perfeições."

León Denis, em O *progresso*, cap. 7.

Voltando a me cuidar

O espírito escolhe, de acordo com a natureza de suas faltas, as provas que o levem à expiação destas e a progredir mais depressa.

Allan Kardec, em
O livro dos espíritos, perg. 258

CERCA DE DOIS meses depois da partida de Helena, eu tomei consciência de que precisava me cuidar. Era necessário voltar minhas atenções ao meu corpo e à minha mente. Percebi que vinha levando os dias de forma automática. Acordava, fazia um esforço imenso para me levantar e ir trabalhar, e passava o dia contando as horas para que ele terminasse. Alimentava-me mal, tinha um sono agitado e chorava muito quando estava sozinha.

Aos poucos, fui retomando alguns estudos no centro espírita que frequentava, mas o que realmente me trazia paz era o coral. Cantar, refletir sobre as letras das músicas e, principalmente, receber o carinho daquela família de amigos tão queridos foi o que levou a me harmonizar aos poucos. Logo depois, um estudo com essas mesmas pessoas acabou funcionando como um grupo de apoio. Marcelo, meu marido, e eu tínhamos a liberdade de expor toda nossa dor e angústia sem sermos julgados. O acolhimento recebido era reconfortante e, acima de tudo, responsável por nos fazer seguir em busca de dias cada vez mais leves.

Nós dois conversávamos muito. E esse é um ponto que eu sempre faço questão de enfatizar, quando falo com outra mãe ou outro casal que esteja passando por algo parecido com o que passamos: o casal precisa conversar!

Cada um tem seu tempo de luto, sua forma de encarar a dor e sua maneira de se reorganizar energeticamente. Uns gostam de olhar fotos, outros preferem não ter contato com nenhuma lembrança física. Há os que se recolhem, os que falam o tempo todo sobre sua dor, ou seja, não existe uma receita para lidar com o luto. O casal precisa saber disso e respeitar um ao outro. Discutir, querendo que o parceiro sinta da mesma forma que você, ou exigir dele uma conduta parecida com a sua diante do sofrimento, é entrar em conflito na hora que mais se precisa de empatia e amor do parceiro. Julgar nunca é a melhor escolha!

Eu aprendi isso ainda durante o tempo da Helena na UTI. Por mim, eu moraria no hospital para ficar mais perto dela, já meu marido precisava do trabalho para se manter forte emocionalmente e me ajudar. Confesso que demorei para entender isso e muitas vezes cobrei dele uma postura diferente, gerando discussões que nos deixavam ainda mais desgastados, física e emocionalmente. Quando passamos a respeitar nossos limites e os do nosso companheiro, o processo de reconstrução emocional se dá de forma mais natural, rápida e segura.

Mais certa de que estava na hora de voltar minhas atenções ao meu corpo, marquei uma consulta com uma médica obstetra. Eu já havia mudado de plano de saúde, porque definitivamente não queria passar com os mesmos profissionais de antes, nem ter que voltar à mesma maternidade, caso eu voltasse a engravidar. Não por ter tido problemas com os médicos, mas porque, fazendo tudo diferente, eu me sentia mais segura.

Esse é outro aspecto que sempre levanto com as mulheres que me procuram: faça tudo que for possível para se sentir segura emocionalmente, pelo menos nesse período inicial! Fale com pessoas empáticas à sua dor, converse com seu parceiro sobre tudo o que sente, evite lugares ou situações capazes de despertar sentimentos difíceis. No momento certo você conseguirá lidar com essas memórias.

Na primeira consulta, relatei minha história e o momento pelo qual estava passando. Fui orientada a fazer exames para acompanhar minha recuperação da cesárea, já que devido à rotina da UTI, não havia sido possível manter os cuidados necessários. Também fui orientada a realizarmos um cariótipo, um exame genético. No nosso caso específico, seria capaz de prever as possibilidades de termos um outro bebê com alguma síndrome.

Saí da consulta extremamente incomodada com o pedido do exame. Afinal, estaria eu prevendo alguma coisa? O exame revelaria o que estava por vir ou seria só mais um fator para me deixar insegura? A médica me havia dito que o problema de Helena acontecia em um a cada 8 mil nascimentos. Qualquer probabilidade inferior a essa já serviria para me deixar com medo. Resolvi falar com meu marido antes de tomar qualquer decisão.

Independentemente da crença que cada um leva consigo, é importante salientar que não devemos ser negligentes ou imprudentes com nossa saúde. Nossa vida tem um propósito, na colheita da semeadura feita em vidas passadas e nos compromissos assumidos para a evolução do nosso espírito, exigindo-nos responsabilidade perante o cuidado com nosso corpo. Mas, no caso específico desse exame, me atormentava a ideia de querer prever algo. E se realmente nossa combinação genética favorecesse o nascimento de outra criança com necessidades especiais? Do ponto de vista espiritual, seria possível burlar esse compromisso? Eu sempre acreditei que não.

Como esse exame deveria ser feito pelo casal, não cabia a mim tomar a decisão de fazê-lo ou não. Eu e meu marido conversamos muito e percebi nele as mesmas inquietações. O fato era: mesmo que tivéssemos feito esse exame antes da primeira gestação, ele não nos isentaria de passar o que passamos, pois a síndrome da Helena não era hereditária e nem estava ligada a nenhum fator externo, podendo acontecer com qualquer casal. Aconteceu conosco porque esse era o nosso compromisso!

Resolvemos que assumiríamos nosso próximo filho do jeito que ele viesse e entregaríamos a Deus o próximo capítulo da nossa história. Não faríamos o exame. No retorno com a médica, expus a nossa decisão e ela compreendeu. Os resultados dos outros exames foram ótimos e fui liberada para tentar uma nova gestação, mesmo estando tão próximo da cesárea – apenas quatro meses. Meu corpo permitia isso. Vale salientar que esse tempo é muito relativo: eu havia tido uma boa recuperação, minha gestação tinha sido tranquila, e não tivera problemas no parto, nem no pós-parto.

Se a médica tivesse me pedido para esperar um ano, eu respeitaria a recomendação, por mais difícil que fosse controlar a ansiedade, afinal eu não deveria ser imprudente em arriscar minha vida ou a do bebê. Quando saí, feliz, do consultório, sabia do desafio que me aguardava: o medo do Marcelo.

"O espiritismo veio em auxílio dos pesquisadores, demonstrando-lhes as relações que existem entre o corpo e a alma e dizendo-lhes que, por se acharem em dependência mútua, importa cuidar de ambos. Amai, pois, a vossa alma, porém, cuidai igualmente do vosso corpo, instrumento daquela. Desatender as necessidades que a própria Natureza indica, é desatender a lei de Deus."

Allan Kardec, em *O evangelho segundo o espiritismo*, cap. 17-11.

Desmontar ou não o quarto

Se o homem conhecesse a extensão dos recursos que nele germinam, talvez ficasse deslumbrado e, em vez de se julgar fraco e temer o futuro, compreenderia a sua força, sentiria que ele próprio poderia criar este futuro.

Léon Denis, em O *problema do ser, do destino e da dor,* cap. 20

ENTRAR NO QUARTO que seria da Helena não era difícil para mim, talvez porque ele nunca tivesse sido dela de verdade.

Ainda nas primeiras semanas da internação, guardei todo o enxoval da cama e do berço por uma questão prática: estava limpo e queria mantê-lo assim. Prometi que só voltaria a usá-lo quando ela chegasse em casa, o que não aconteceu.

Boa parte das roupas que levei ao hospital deixei para doar; não quis trazê-las de volta. O quarto era só mais um cômodo da casa... Pelo menos era assim que eu o via nas primeiras semanas.

Um dia, não sei exatamente quanto tempo já havia se passado, entrei ali e não consegui sair. Olhava o berço e ficava imaginando como Helena ficaria ali dentro, como teriam sido nossas noites em claro para amamentá-la... Forçava a memória para tentar me lembrar do som do seu choro e de como seria ser acordada por ele. Abri, então, pela primeira vez, o guarda-roupas e a caixa com as recordações dela. Tinha o CD com as imagens do parto, a pulseira da maternidade, as fotos com os restos da cola que as prendia no seu leito da UTI. Ali eu havia guardado a primeira roupa que ela usou... Aliás, a única que guardei, graças à minha mãe, que a separou do montante que eu havia deixado para doação.

Tirei tudo de dentro da caixa, coloquei sobre a cama as poucas coisas que minha filha tivera contato, deitei do lado e chorei... Por que só me sobrara aquilo? Por que todo o meu sonho havia se resumido a apenas um berço vazio, uma peça de roupa e algumas fotos?

Nesse dia, eu briguei com Deus... Esbravejei, questionei, gritei mesmo. Eu precisava disso! E sabia que Ele me olharia como Pai Amoroso e compreenderia o meu desespero.

Mais calma, depois de recolher tudo, decidi que precisava fazer algo com aquele cômodo: ou desmontava tudo ou passava a chamá-lo de quarto do nosso próximo bebê.

Separei todas as fraldas e itens de higiene para doar. Guardei algumas roupas, e o pouco que ainda restava também separei para entregar a quem precisasse. Quando meu marido chegou, ficou surpreso com tudo aquilo e confessou ter se sentido desconfortável. Para ele, ainda era muito cedo para tomarmos qualquer decisão, mas entendeu minhas dificuldades e me apoiou. Só não queria conversar ainda sobre o destino dos móveis. Ele precisava de um tempo.

Volto na questão de sabermos respeitar a forma do outro de encarar a dor. Eu queria me desfazer o mais rápido possível de tudo que me trouxesse a lembrança dos planos feitos até o nascimento da Helena. Já o Marcelo não via necessidade disso. Ao contrário, queria ter tudo por perto. São as particularidades de cada um: queria ver a ferida cicatrizando. Eu já preferia escondê-la e esperar o dia em que tudo voltasse ao normal.

Nossa vida nunca mais seria a mesma! Só eu não entendia isso ainda.

Fiz as doações, continuava entrando no quarto para limpá-lo como sempre havia feito, mas ainda me inquietava por não ter uma resposta definitiva sobre como ficaria tudo ali. Sofria mais com a ansiedade, por não poder resolver as coisas da minha maneira, do que pelo fato de estar lidando com o quarto de um bebê que não estava mais ali.

Hoje, analisando todo esse episódio, vejo o quanto eu ainda tinha para aprender. Precisava me recuperar, mas tinha que respeitar o espaço e o tempo do meu parceiro. Eu não tinha controle algum sobre o rumo das coisas, logo eu, sempre tão controladora!

Os dias se passavam e entrar naquele quarto passou a ser um desafio. Eu me incomodava demais. Chegava a ficar com raiva por estar passando por aquilo, por conta de alguém que sequer olhava em direção àquela porta. Eu sabia dos defeitos no papel de parede, dos detalhes do berço, do que tinha em cada uma daquelas gavetas e Marcelo nunca entrava ali... Por que eu ainda dependia dele para tomar uma decisão?

Eu rezava... Era o que me restava fazer para não entrar em discussão com o meu companheiro de dor! E como é bom rezar de forma consciente, usar o recurso da prece para buscar ajuda dos nossos amigos espirituais! Nos momentos do nosso Evangelho no Lar, na minha intimidade, eu pedia ajuda para resolver essa questão de forma racional e justa!

Ao longo do tempo, fui me dando conta de que, como mãe, as pessoas nos olham com mais compaixão, como se o filho fosse muito mais nosso e, por conta disso, nossa dor seria muito maior que a do pai. Eu era abraçada, olhada com carinho, recebia mensagens de apoio, e meu marido quase sempre somente ouvia: "Você precisa ser forte para poder ajudá-la".

Era como se a única opção dele fosse ser forte... Hoje vejo que chega a ser cruel pensar que um pai não pode chorar a morte de um filho assim como a mãe, porque exigem dele uma postura diferente disso.

Comecei a observar o quanto ele era cobrado e o quanto ele se fechava na sua dor para não aumentar a minha. E eu, em vez de me compadecer naquele momento, ficava cobrando também uma decisão sobre algo que para mim era sobre um berço, mas para ele era sobre ter uma resposta para uma questão muito maior: a de ter ou não outro filho!

Evangelho no Lar é o estudo semanal do Evangelho em reunião familiar. O objetivo é o aprendizado dos princípios morais e exemplos de Jesus para serem colocados em prática no dia a dia, visando à harmonização do lar, proteção e presença dos benfeitores espirituais.

Roteiro para a reunião

- Prece simples e espontânea.
- Leitura de um trecho de *O evangelho segundo o espiritismo*, de Allan Kardec.
- Comentários breves sobre o texto lido.
- Vibrações e pedidos pela família e por toda a Humanidade.
- Prece de encerramento.

"Está no pensamento o poder da prece, que por nada depende nem das palavras, nem do lugar, nem do momento em que seja feita. Pode-se, portanto, orar em toda parte e a qualquer hora, a sós ou em comum. A influência do lugar ou do tempo só se faz sentir nas circunstâncias que favoreçam o recolhimento. A prece em comum tem ação mais poderosa, quando todos os que oram se associam de coração a um mesmo pensamento e colimam o mesmo objetivo, porquanto é como se muitos clamassem juntos e em uníssono. Mas, que importa seja grande o número de pessoas reunidas para orar, se cada uma atua isoladamente e por conta própria?! Cem pessoas juntas podem orar como egoístas, enquanto duas ou três, ligadas por uma mesma aspiração, orarão quais verdadeiros irmãos em Deus, e mais força terá a prece que lhe dirijam do que a das cem outras."

Allan Kardec, em *O evangelho segundo o espiritismo*, cap. 27-15.

Respeitar o tempo de cada um

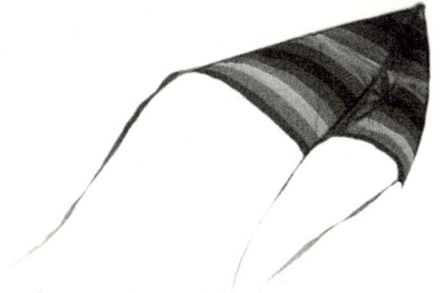

*O dever é o mais belo
laurel da razão.*

Allan Kardec, em O *evangelho
segundo o espiritismo*, cap. 17-7

JÁ HAVIA PASSADO mais de um mês da consulta médica. Para mim, engravidar novamente era uma questão de tempo. Mal sabia que, com a questão do quarto, eu traria à tona um turbilhão de dúvidas na cabeça do Marcelo.

Nossa conversa não era mais sobre doar ou não um berço, mas sim sobre ter ou não outro filho. Sem me dar conta, indiretamente cobrava isso dele. Eu estava pronta, mas ele não!

Decidi ter uma conversa definitiva sobre o que faríamos com os móveis. Nessa época já cogitávamos a hipótese de mudar de cidade.

Marcelo me pediu para que deixássemos tudo como estava e, quando finalmente as coisas se acertassem, no momento da mudança, voltaríamos ao assunto.

Para mim, esta conversa soou como uma forma de não descartamos a possibilidade de engravidarmos novamente. Marcelo, porém se mostrava muito resistente à ideia de um novo filho, chegando a afirmar várias vezes que o compromisso dele havia sido com

Helena e que não haveria espaço em sua vida para um novo filho.

Vale lembrar que sempre foi difícil para Marcelo aceitar a paternidade. Esse assunto era rodeado de muito medo e ele trazia no seu íntimo uma certeza assustadora de que ser pai estaria atrelado ao sofrimento pela despedida. Foi preciso muita conversa até decidirmos ser pais. E, depois de passarmos por toda a história com a Helena, ficou para ele a sensação de ter superado o seu maior medo, mas também de não ter necessidade de passar por isso novamente.

Então, quando nos perguntavam se tentaríamos uma nova gravidez, eu respondia prontamente que sim, enquanto ele era mais reticente. Até o dia que ele disse claramente que não queria mais.

Ouvir aquilo foi como um verdadeiro golpe no meu peito!

Como não? E eu? E minha necessidade de trazer um filho para casa? Como ele podia cogitar a hipótese de não me permitir isso?

Foram esses os meus questionamentos... Totalmente egoístas! Só pensava em mim, na minha dor, nas minhas expectativas. Via nele só a pessoa que me daria um novo filho, deixando de vê-lo como parceiro e companheiro de jornada. Eu estava cega! A dor havia me cegado e trazido à tona todo egoísmo guardado dentro de mim.

Os dias se passavam e eu continuava questionando a decisão dele. Isso nos consumia cada vez mais.

Nós não estávamos usando nenhum método contraceptivo há dois meses, mas nossa relação não era mais a mesma. Ele ficava receoso de verbalizar para mim a sua negativa e isto me causar ainda mais sofrimento. Chegou o dia em que teve coragem e disse que não queria ser pai novamente. Não estava pronto e só estava disposto a tentar outra vez porque não achava justo não me dar esta oportunidade.

Eu fiquei muda! Como assim, não estava pronto, mas faria isso por mim?

Chorei muito aquela noite! Pedi tanto perdão a ele pelo meu egoísmo! Era tempo de nos unirmos, de nos ajudarmos e só ele estava fazendo isso... Só ele estava disposto a passar por cima das suas dificuldades para pensar em mim.

Ele só queria um tempo para se fortalecer e eu tinha o dever, por amá-lo tanto, de dar esse tempo. Foi isso que resolvi fazer a partir daquele dia: respeitar o tempo dele!

Hoje, fico pensando que a dor é capaz de fazer aflorar nossa pior parte! Em mim, revelou esse lado extremamente egoísta: eu só queria me livrar dela e agia como se todos tivessem o dever de entender e trabalhar para isso a meu favor. Mas eu sempre procurei me observar, tentando entender as coisas ao meu redor...

Meu marido foi o sinalizador, a pessoa capaz de mostrar que eu estava indo pelo caminho errado. Nossa conversa serviu para desconstruir toda uma situação de cobrança e ansiedade em torno das tentativas de engravidar, sendo capaz de me fazer pensar sobre qual rumo deveria tomar dali para frente.

Eu não tinha desistido de ser mãe, mas precisava de ajuda para lidar com o fato de que não seria do meu jeito, nem no meu tempo.

Como diz o Evangelho, é preciso muita coragem para admitir-se egoísta e lutar contra esse sentimento. Mas eu precisava fazer isso logo!

Já vinha escrevendo alguns textos para a página de uma ONG destinada a acolher mães que passaram pela perda gestacional ou neonatal, e isso me fez ter contato com várias mulheres que buscavam ajuda através de uma palavra amiga ou de consolo. Percebi ser esse o caminho: quanto mais eu ajudasse, mais seria ajudada.

Compartilhar minha experiência abria espaço para as pessoas perceberem realmente como eu estava me sentindo e como lidava com o tempo sem nossa filha. Quem passava por algo parecido não se sentia sozinho.

Era hora de voltar aos trabalhos no centro espírita e auxiliar no que fosse preciso!

"A dor, sob suas múltiplas formas, é o remédio supremo para as imperfeições, para as enfermidades da alma. Sem ela não é possível a cura. Assim como as moléstias orgânicas são muitas vezes resultantes dos nossos excessos, assim também as provas morais que nos atingem são consequentes das nossas faltas passadas. Cedo ou tarde, essas faltas recairão sobre nós com suas deduções lógicas. É a lei de justiça, de equilíbrio moral. Saibamos aceitar os seus efeitos como se fossem remédios amargos, operações dolorosas que devem restituir a saúde, a agilidade ao nosso corpo. Embora sejamos acabrunhados pelos desgostos, pelas humilhações e pela ruína, devemos sempre suportá-los com paciência. O lavrador rasga o seio da terra para daí fazer brotar a messe dourada. Assim a nossa alma, depois de desbastada, também se tornará exuberante em frutos morais.

Pela ação da dor, larga tudo o que é impuro e mau, todos os apetites grosseiros, vícios e paixões, tudo o que vem da terra e deve para ela voltar. A adversidade é uma grande escola, um campo fértil em transformações. Sob seu influxo, as paixões más convertem-se pouco a pouco em paixões generosas, em amor do bem. Nada fica perdido. Mas, essa transformação é lenta e dificultosa, pois só pode ser operada pelo sofrimento, pela luta constante contra o mal, pelo nosso próprio sacrifício. Graças a estes, a alma adquire a experiência e a sabedoria. Os seus frutos verdes e amargos convertem-se, sob a ação regeneradora da prova, sob os raios do Sol divino, em frutos doces, aromáticos, amadurecidos, que devem ser colhidos em mundos superiores."

Léon Denis, em *Depois da morte*, cap. 50.

Voltando ao centro espírita

... o alvo da vida não é de gozos ou venturas, mas o aperfeiçoamento por meio do trabalho, do estudo, do cumprimento do dever inerente à alma.

Léon Denis, em
O *porquê da vida*, cap. 7

O ESPIRITISMO FAZ PARTE da minha vida há mais de 20 anos. Comecei pelo interesse de responder a alguns questionamentos não esclarecidos por outras religiões e encontrei nessa doutrina, filosófica e consoladora, uma fé raciocinada. Venho suprindo minhas necessidades de conhecimento ao longo desses anos, estudando, participando de palestras e, acima de tudo, trabalhando. Acredito ser o trabalho a maneira mais eficiente de colocarmos em prática o nosso conhecimento e, a partir daí, ampliar nosso entendimento sobre as questões da imortalidade da alma e da necessidade de nos transformarmos como espíritos.

Voltei para o trabalho no centro espírita, na evangelização infantil e no atendimento fraterno e também para conduzir alguns estudos através de palestras. Aliás, foi justamente um atendimento específico o responsável por me mostrar que eu realmente estava no caminho certo.

Um casal havia nos procurado após saber de nossa história. Eles acabavam, também, de se despedir de um filho recém-nascido e com a mesma síndrome da Helena. Jovens, primeiro filho, também estavam cheios de questionamentos sobre como seguir em frente diante de tamanha tristeza.

Marcelo e eu conversamos com eles, compartilhamos nossas dificuldades e mostramos o quanto ter Deus no coração era importante nessa hora, independentemente da religião seguida. Falamos sobre a importância de respeitarem o tempo de cada um, da necessidade da conversa sincera entre os dois e de se compreender a dificuldade das pessoas ao tentarem transmitir mensagens de apoio, já que na imensa maioria das vezes o que se ouve, embora quase sempre vindas com boa vontade, são frases infelizes, do tipo: "foi melhor assim", "antes agora novinho, do que mais velho", "pelo menos vocês conviveram um pouco de tempo com ele", "logo, logo você engravida de novo"...

Ninguém está preparado para se despedir de um filho, isso vai contra a expectativa natural da vida. As pessoas ao nosso redor também não sabem como se portar e acabam falando coisas aleatórias, muitas vezes até por dificuldade de se colocarem no lugar desses pais! Mas esse é só mais um desafio a vencer, e ao vencê-lo, nos tornamos mais compassivos com o sofrimento alheio. Tudo é aprendizado!

Mais tarde, esta mãe e eu nos tornamos grandes amigas. Tivemos vários encontros depois desse atendimento. Dividimos angústias, choramos juntas de saudade, mas também nos emocionamos muito ao dividir uma grande alegria!

Aos poucos, nossa rotina de trabalho na casa espírita foi se reestabelecendo e isso trouxe mais harmonia e serenidade para a nossa casa.

Ao chegar para uma de minhas palestras, encontrei com uma conhecida, que me perguntou como eu vinha passando. Eu disse estar cada dia melhor, lutando para me reerguer. Embora, às vezes, me sentisse muito triste, sentia-me muito confiante em Deus e no seu amparo. Lembro-me de ter me sentado logo em seguida e, como sempre faço, comecei uma prece para que os amigos espirituais me auxiliassem com boas inspirações durante o estudo. Ao abrir os olhos, um dos companheiros de trabalho, inclinando-se em minha direção, disse ao meu ouvido:

– Ao meu lado encontra-se um espírito. A impressão é de ser algum familiar seu... Não posso afirmar ao certo. Mas ele diz estar muito feliz com sua conduta, diante desses acontecimentos e por te ver bem. Ele pede para lhe dizer que você será mãe novamente.

Meu coração se encheu de alegria! Eu seria mãe novamente, bastava confiar! Pensei muito no meu avô materno naquele dia. Talvez tenha sido ele o mensageiro dessa grande notícia, não sei. O importante foi ter carregado a certeza consoladora do amparo da família espiritual, família essa responsável por nossa filha desencarnada e por nós também.

A evangelização infantil, minha grande paixão, permite o exercício da paciência, dedicação e amorosidade. Exige mais de mim do que qualquer outro trabalho, do ponto de vista dos estudos e do trabalho em equipe. Tenho um perfil dominador e controlador e isso, dentro de uma equipe, pode dificultar muito o relacionamento com as outras pessoas. Como disse antes, a dor desperta nossas emoções mais difíceis, e aqui não foi diferente. Eu vivia me analisando, cobrando uma postura mais doce e menos impulsiva, observando toda a equipe e tentando colher o melhor de cada uma das minhas companheiras.

Tornei-me mais reflexiva, logo depois da conversa com meu marido. Prometi à Helena que a nossa luta não seria em vão. Se ela havia aceitado passar por tantos sofrimentos e eu havia me comprometido a recebê-la como filha e estar ao seu lado nesse período, o nosso esforço não ficaria limitado àquelas paredes de hospital. Eu devia a minha transformação a ela! Passei a me analisar mais, a refletir sobre todos os meus sentimentos e emoções, e a cuidar mais das minhas atitudes. Voltar aos trabalhos, integrar uma equipe, relacionar-me com pessoas em momentos de vida tão diferentes dos meus, tudo isso me permitia um exercício profundo de autoconhecimento.

Nas palestras, eu me obrigava a estudar; nos atendimentos fraternos, exercitava minha compaixão e, acima de tudo, minha capacidade de não julgar a dor do outro e nem compara-la à minha. Na evangelização, eu me reabastecia com a energia pueril de todas as crianças.

Se a dor desperta um lado obscuro em nós, ela também abre portas para grandes aprendizados. Eis um grande ensinamento sobre a dor deixado por Léon Denis, em *O problema do ser, do destino e da dor*:[4] "Aprende a sofrer! Não te direi: procura a dor. Mas quando ela parecer inevitável em teu caminho, acolhe-a como a um amigo, aprende a conhecê-la, a apreciar sua beleza austera, a entender-lhe os ensinamentos secretos. Estuda sua obra oculta; em vez de te revoltares contra ela ou de permaneceres abatido, inerte e cego sob sua ação, associa tua vontade, teu pensamento ao objetivo que ela traz, procura retirar de sua passagem, pela tua vida, toda lição que pode oferecer a teu espírito e a teu coração. Esforça-te para seres, a teu modo, um exemplo para os outros; por tua atitude no sofrimento, tua aceitação voluntária e corajosa, tua confiança no futuro, torna-o mais aceitável aos olhos dos outros. Numa palavra, faze a dor mais bela. A harmonia e a beleza são leis universais e, nesse conjunto, a dor tem seu papel estético. Seria pueril praguejar contra esse elemento necessário à beleza do mundo. Exaltemo-la antes com compreensão e esperanças mais altas! Vejamos nela o remédio supremo para todos os vícios, todas as decadências, todas as quedas!"

Eu já havia lido esta passagem algumas vezes, em vários estudos e palestras. Hoje eu a uso para lembrar-me do meu compromisso diante de todas as pessoas que de uma maneira ou de outra chegam até mim. Posso garantir-lhes: a dor ensina e o amor sempre cura!

---

[4] Cap. 8.

"Entende-se como fé a confiança que sentem na realização de uma coisa, a certeza de atingir determinado fim. Ela dá uma espécie de lucidez que permite se veja, em pensamento, a meta que se quer alcançar e os meios de chegar lá, de sorte que aquele que a possui caminha, por assim dizer, com absoluta segurança. Num como noutro caso, pode ela dar lugar a que se executem grandes coisas.

A fé sincera e verdadeira é sempre calma; faculta a paciência que sabe esperar, porque, tendo seu ponto de apoio na inteligência e na compreensão das coisas, tem a certeza de chegar ao objetivo visado. A fé vacilante sente a sua própria fraqueza; quando a estimula o interesse, torna-se furibunda e julga suprir, com a violência, a força que lhe falece. A calma na luta é sempre um sinal de força e de confiança; a violência, ao contrário, denota fraqueza e dúvida de si mesmo. Cumpre não confundir a fé com a presunção. A verdadeira fé se conjuga à humildade; aquele que a possui deposita mais confiança em Deus do que em si próprio, por saber que, simples instrumento da vontade divina, nada pode sem Deus. Por essa razão é que os bons espíritos lhe vêm em auxílio. A presunção é menos fé do que orgulho, e o orgulho é sempre castigado, cedo ou tarde, pela decepção e pelos malogros que lhe são infligidos."

Allan Kardec, em *O evangelho segundo o espiritismo*, cap. 19-3 e 4.

Dificuldades para engravidar

o Ser supremo não existe fora do mundo, porque este é a sua parte integrante e essencial. É o princípio de solidariedade e de amor, pelo qual todos os seres são irmãos.

Léon Denis, em
Depois da morte, cap. 9

NA ÚLTIMA CONSULTA médica, um dos meus questionamentos foi em relação ao tempo considerado normal para engravidar novamente. Demorei oito meses para engravidar da primeira vez, já estava com 35 anos e sabia que a partir dessa idade as dificuldades seriam maiores. A médica então me orientou a procurá-la após seis meses de tentativas sem sucesso.

Saí do consultório certa de voltar grávida em breve, mas, diante das dúvidas do meu marido, o tempo passou e não engravidei no período recomendado. Voltei em para uma nova consulta e fiz alguns exames de rotina, nada específico sobre fertilidade. A intenção era primeiro saber se estava tudo bem comigo.

Fisicamente, estava. Emocionalmente, eu estava em frangalhos! Cheia de conflitos com tantos sentimentos para lidar, medo de não conseguir engravidar naturalmente, ansiedade tomando conta de cada célula do meu corpo! Eu vivia uma montanha russa de sentimentos a cada novo ciclo menstrual: euforia pela expectativa de poder engravidar e depressão ao ter a confirmação de que não havia acontecido.

A insegurança foi tomando conta de mim. E se eu não fosse capaz de gerar novamente? Outro pensamento que me acompanhava era o da necessidade de ter um bebê nos braços ou no ventre quando o primeiro aniversário da Helena chegasse. No meu íntimo, isso soava como um prêmio de consolação por tudo o que já havia passado e por todo o esforço que eu vinha fazendo para me tornar uma pessoa melhor.

Eu precisava engravidar, mas não conseguia. Eu rezava, pedia, implorava..., mas não conseguia!

Comecei então a buscar motivos para isso: será que realmente havia feito tudo o que podia pela minha filha? Será que ela voltaria e eu precisaria esperar o tempo dela? Tantas perguntas sem respostas e tanta inquietação abriram caminho para a culpa: eu não tive coragem de passar os últimos momentos da minha filha ao lado dela. Havia-me sido dada a oportunidade de ficar com ela no colo até o momento da sua partida e eu recusei, por medo de que aquele tempo com ela gerasse uma memória dolorosa demais para mim. Sentia que havia sido fraca e, do meu ponto de vista, egoísta.

Diversas vezes, ao longo desses três anos, já ouvi de muitas pessoas que eu fiz o que consegui fazer. Mas eu sei que poderia ter feito mais! Isso é algo a ser trabalhado ainda, uma cobrança minha.

A culpa nunca foi boa conselheira. Ela nos joga num abismo de incertezas e paralisa. E eu parei de raciocinar, simples assim! Comecei a acreditar que meu segundo filho não viria porque havia deixado de fazer o que achava que deveria ter sido feito. Cada dia que passava a cobrança era maior. Eu estava adoecendo! Era como se estivesse perdendo tudo o que construí até aquele momento.

As pessoas ao meu redor me cobravam uma nova gravidez, sem piedade, como se esperar fosse uma escolha. Eu via amigas engravidando e não conseguia ficar feliz por elas, só conseguia ter raiva e questionar o porquê de o mesmo não acontecer comigo. Meu marido passava pela mesma angústia, mas não se abria muito comigo.

Decidi começar uma especialização. Acreditava que, ocupando meus dias e meus pensamentos com mais uma atividade, talvez saísse daquele pensamento insistente que não me deixava em paz. Eu precisava quebrar esse ciclo, ou minhas energias se esgotariam!

Foi a melhor escolha que fiz. Conheci pessoas novas, que não faziam ideia do que eu estava passando. Nossas conversas eram sobre tudo, menos sobre a minha dor. Eu passava uma semana, todos os meses, distante da rotina maçante que minha vida havia se tornado nos últimos tempos.

Com o passar das semanas, mais calma e reabastecida, pude perceber o quanto estava sendo negligente comigo mesma, ao permitir ser tomada por uma culpa sem sentido. Eu deveria deixar de lado essas questões e focar em algo muito mais importante: qual a minha real intenção de engravidar novamente?

Percebi em muitas conversas com outras mães um forte desejo de engravidar como tentativa de amenizar o sofrimento da perda. Comigo não foi diferente. Eu só não havia me dado conta. Sempre soube que um filho nunca substitui outro, mas, como disse, era como uma recompensa. Eu imaginava que, ao estar ocupada com outra criança, sentiria menos saudade, ficaria menos triste ou até conseguiria esquecer, ainda que por alguns segundos, tudo o que passei.

Compreendi que buscava um filho pelos motivos errados, e depositava todas as minhas expectativas de dias melhores em alguém que nem sequer havia chegado. Talvez, se tivesse percebido isto antes, não teria entrado nesse complexo emaranhado de emoções tão difíceis de lidar. Teria cobrado menos de mim, do meu corpo, do meu marido...de Deus! Tudo teria sido mais leve e talvez Alice tivesse chegado antes. Mas foi o meu tempo...

Cada um tem o seu despertar e o meu foi da forma mais complicada. Mas chegou!

Percebi que o amor que uniu Helena e eu nunca morrerá, assim como nós. Espíritos imortais que somos, nos reencontraremos em nova oportunidade, com mais acertos do que erros. Enquanto esse dia não chega, tenho minha caminhada aqui e ela lá, sendo-nos permitido encontros eventuais.

Sentia-me preparada para iniciar um novo momento na minha vida! Havia entendido tudo o que poderia oferecer a um novo espírito e precisava estar pronta para me entregar a ele! Decidi, então, procurar ajuda profissional.

"A passagem dos espíritos pela vida corporal é necessária para que eles possam cumprir, por meio de uma ação material, os desígnios cuja execução Deus lhes confia. É-lhes necessária, a bem deles, visto que a atividade que são obrigados a exercer lhes auxilia o desenvolvimento da inteligência. Sendo soberanamente justo, Deus tem de distribuir tudo igualmente por todos os seus filhos; assim é que estabeleceu para todos o mesmo ponto de partida, a mesma aptidão, as mesmas obrigações a cumprir e a mesma liberdade de proceder. Qualquer privilégio seria uma preferência, uma injustiça. Mas, a encarnação, para todos os espíritos, é apenas um estado transitório. É uma tarefa que Deus lhes impõe, quando iniciam a vida, como primeira experiência do uso que farão do livre-arbítrio. Os que desempenham com zelo essa tarefa transpõem rapidamente e menos penosamente os primeiros graus da iniciação e mais cedo gozam do fruto de seus labores. Os que, ao contrário, usam mal da liberdade que Deus lhes concede retardam a sua marcha e, tal seja a obstinação que demonstrem, podem prolongar indefinidamente a necessidade da reencarnação e é quando se torna um castigo."

São Luís, O evangelho
segundo o espiritismo, cap. 4-25.

Consulta com a psicóloga

Deus está em cada um de nós, no templo vivo da consciência.

Léon Denis, em
O grande enigma, cap. 1

ESTÁVAMOS EM SETEMBRO de 2016, oito meses de desencarnação da Helena e cinco meses de tentativas para engravidar. Eu senti a necessidade de conversar com alguém totalmente alheia à minha história e sem nenhum envolvimento emocional comigo. Alguém com a capacidade de olhar de fora todas as minhas dúvidas e angústias e de analisar friamente minha situação. Resolvi consultar-me com uma profissional – uma psicóloga.

Marquei a consulta e cheguei uma hora antes do previsto. Estava aflita, ansiosa, meu corpo tremia. Enquanto aguardava na recepção, ficava repassando toda a minha história, imaginando como iria condensar tanto tempo e tantas dores em uma única hora de sessão. Ao ver a porta abrir, meu coração gelou: chegou minha vez.

Sentei-me na poltrona e já busquei com meus olhos onde estava a caixa de lenço de papel – eu havia prometido para mim mesma que não iria chorar, mas antes mesmo de começar a falar já senti um nó na garganta. Eu estava diante de uma pessoa sem noção alguma do que se passara comigo e eu precisava me abrir. Isso significava remexer em todos os sentimentos e emoções vividos até ali.

Respirei fundo e contei minha história... Aos prantos. Assim que terminei ela me perguntou:

– Quanto tempo faz isso?

– Oito meses – respondi.

– Oito meses e você ainda chora assim? Não acha que passou tempo suficiente para você superar tudo isso?

Essas palavras soaram como um soco no estômago. Senti tanta raiva! Minha vontade era perguntar se ela conhecia uma dor parecida, se existia tempo definido para deixar de sentir saudades. Eu queria dizer tanta coisa e sair dali o mais rápido possível, mas algo me prendia àquela poltrona. Abaixei os olhos e continuei a ouvir, rezando para acabar tudo logo.

Fui aconselhada a continuar o tratamento com pelo menos duas sessões semanais, mas precisava decidir rápido, pois se tratava de uma profissional muito requisitada e com pouca disponibilidade de horários. Entretanto, não tinha como decidir naquela hora... Eu precisava digerir tudo o que ouvi e, principalmente, conversar com meu marido.

Claro que o tempo apagou da minha memória as palavras exatas daquela sessão de terapia, mas ficaram gravados os pontos-chave da nossa conversa, que me fizeram refletir e os quais compartilho agora.

A primeira questão levantada foi sobre a minha vitimização, não perante às pessoas – porque sempre tomei muito cuidado para não deixar transparecer toda minha tristeza ou minhas dificuldades – mas perante a Deus! Ela usou o termo 'criança birrenta': eu fazia birra, pedindo para Deus uma recompensa por tudo o que já havia passado, e esta recompensa tratava-se de um novo filho. E, como ele não chegava, eu me colocava na posição de vítima.

E era isso mesmo. Minhas orações eram exatamente assim! "Pai, passei por tanta dificuldade, por que não me ajuda agora?"

A análise dela foi que isso me impedia de realmente seguir em frente, pois quando estamos na posição de vítimas somos notados, auxiliados, mimados. Havia em mim um prazer inconsciente em me manter nessa posição.

Diante disso, resolvi não usar mais minha história como desculpa para nada. Seria, dali em diante, uma oportunidade de ajudar e para isso eu deveria ser sincera comigo, livrar-me do meu orgulho e parar de pedir a Deus um prêmio de consolação!

O segundo ponto abordado foi: qual espírito quer ser recebido numa casa repleta de incertezas e tristezas?

Esse era o ponto que eu precisava falar com meu marido, já que a psicóloga foi enfática (e dessas palavras não vou me esquecer): "Seu marido não quer ser pai!". Estávamos, outra vez, diante desta questão.

Sentados à mesa de um restaurante, eu e ele comentamos sobre toda a consulta e, pela primeira vez, vi meu marido chorar, enquanto falávamos sobre isso. Ele olhou para mim e disse não ter dúvidas sobre ser pai novamente, mas sentia medo. Não o mesmo de antes, só medo de isso demorar e eu ficar cada vez mais triste. Ele segurou minhas mãos, olhou nos meus olhos e falou com a voz mais doce que era capaz:

– Oito meses não é muito tempo para chorar... Vamos chorar sempre que quisermos, porque nosso choro é de saudade e só! Não nos revoltamos, não questionamos, só temos saudades da nossa menina. Mas precisamos tornar a nossa casa um lugar feliz para receber nosso filho. Ela tem razão quanto a isso! Vamos nos esforçar. Eu estou aqui para te ajudar...

Eu passei uns dois ou três dias revisando aquelas conversas – da terapia e do restaurante. Eu digo que minha sessão durou 72 horas e não apenas uma! Mas não senti vontade de voltar.

Durante todo o processo para engravidar, a ansiedade sempre foi uma grande vilã para mim. Mas, piores que ela, eram os conselhos para eu deixar de ser ansiosa, como se eu tivesse um botão para desligar esse tormento! As receitas eram as mais variadas: cuidar de outra criança ou me afastar definitivamente delas por um tempo; trabalhar mais; sair e beber muito, viajar... Receitas que talvez tivessem funcionado para quem falava, mas não funcionariam comigo. Eu não gosto de beber e perder os sentidos. Amo crianças e tenho duas sobrinhas lindas, com as quais adoro passar meu tempo. Trabalhava exaustivamente e ocupar mais ainda meu dia com isso faria com que eu abrisse mão de tempo para mim, minha casa e meu marido. Enfim, eu até ouvia pacientemente tudo, mas minha inquietação só aumentava e a ansiedade atingiu o seu ponto máximo! O desejo de ser mãe novamente era maior do que nunca e eu simplesmente não vislumbrava uma saída viável para me livrar desse sentimento.

Não sou médica, nem entendo de psicologia e mente humana para poder orientar quem quer que seja. Mas tenho a minha experiência, que talvez funcione como um exemplo para direcionar quem esteja passando por algo tão parecido como que passei.

Fiz tudo que me foi orientado quanto à questão física: os exames para me certificar da minha recuperação em relação à cesárea e outros para verificar o correto funcionamento da minha parte reprodutora. Também busquei ajuda para a parte psicológica como disse, além de trabalhar a parte espiritual em conjunto. Mas nada disso teria dado certo, se eu não refletisse sobre minha situação e sobre meus sentimentos.

Precisei entender o meu desejo, o porquê desta busca e quais minhas expectativas em relação a isso. Sendo mais objetiva: por que eu queria ser mãe novamente, o que essa criança faria por mim e como ela seria a responsável por mudar minha vida a partir do momento que chegasse?

Minhas primeiras respostas foram:

- Queria ser mãe novamente porque não poderia viver sem saber como é carregar um filho no colo de verdade (sem fios, tubos ou medicações no nosso caminho);

- Esse bebê me tiraria da angústia de viver imaginando como é a maternidade 'normal';
- Assim que ele chegasse, pensaria menos na filha que se foi e sentiria menos saudade;
- E tudo isso precisava acontecer antes do aniversário de um ano de nascimento da nossa primogênita.

Estas reflexões, analisando-as de forma superficial, não trazem consigo uma grande problemática. Mas, ao pensar e analisar cada uma destas respostas mais friamente, pude perceber que estava depositando em alguém, que eu nem sabia se chegaria, todas as minhas expectativas de felicidade. Que espírito se aproximaria de mim percebendo tamanha responsabilidade?

Passei então a buscar um outro ponto de vista sobre ser mãe novamente. Eu precisava estar bem e feliz para que o resultado fosse a maternidade, e não o contrário! Ser mãe seria a consequência de um estado de espírito modificado pela certeza de tudo estar acontecendo no tempo certo.

Eu precisava viver o luto para não viver de luto, e isso significava entender o real sentido de toda ansiedade. No meu caso, eu ainda não havia internalizado todos os ensinamentos da dor que acabara de viver. Eu não havia aprendido todas as lições que deveria e buscava alguém para me curar, quando na verdade a única responsável por isso era eu mesma: eu sou responsável por tudo o que me acontece, seja bom ou ruim! Minhas escolhas me levam a caminhos mais ou menos difíceis.

Ninguém me coloca no sofrimento, portanto ninguém será capaz de me tirar dele!

Quando percebi que precisava parar de terceirizar minha felicidade a um estado específico (no caso a maternidade), abri meus olhos para compreender o quanto a maternidade que vivi era real e normal: eu gerei, cuidei do meu corpo cada um dos dias em que ela esteve dentro de mim, pari, beijei-a, cuidei dela no seu leito, preocupei-me com cada intercorrência, vibrei a cada melhora, a cada dia estável. Fui a mãe da Helena, nas condições que foram possíveis, e isso foi maravilhoso. Agora eu entendia isso!

Foi preciso passar por todo esse período de ansiedade, angústias, medos e incertezas para eu me dar conta de que sou mãe! Ser mãe novamente não mudaria o que eu já era! Mas aumentaria minha alegria e realização como mulher!

Decidi me envolver mais ainda nos trabalhos que vinha fazendo e nos meus estudos. Eu precisava confiar no tempo de Deus, porque Ele sempre soube qual seria a hora exata para abrir as portas das nossas vidas ao espírito comprometido conosco. Espírito responsável por nos mostrar novos caminhos, novos desafios... Um ser único e especial que também traria as suas bagagens e só... Nada de responsabilidades impostas por minhas expectativas.

Era como se um peso enorme tivesse sido retirado dos meus ombros. Foram embora a culpa, a raiva e a ansiedade doentia. A esperança tomou conta da nossa casa. O clima estava renovado. Eu decidi isso!

Eu decidi usar tudo o que me foi dito como pontos de reflexão. Eu poderia ter escolhido mudar de terapeuta, buscar alguém que me colocasse no colo e só enxugasse minhas lágrimas sem questionar nada, sem me fazer sentir raiva, não da pessoa diante de mim, mas da situação em que eu mesma estava me colocando. Eu me afundava em lamentações íntimas e ficava buscando caminhos errados para superar tudo e não saía do lugar.

Não adiantava cuidar do corpo, buscar um milhão de recursos para gestar novamente, se emocionalmente eu buscava um filho por motivos totalmente errados. Eu queria alguém para suprir uma perda, curar uma dor e fechar o buraco imenso que se abrira no meu coração.

Foi duro admitir isso para mim mesma, mas eu nunca conseguiria cuidar de alguém ou me envolver com outra criança (fosse ela meu filho ou não) se eu não tivesse curado minha alma!

Eu estava pronta! Agora sim eu entendia tudo e estava preparada. Meus pensamentos estavam claros, limpos e eu voltara a sentir prazer em viver.

Novos tempos estavam por vir, e por isso tomamos a decisão de nos mudarmos. Voltaríamos para a cidade onde nascemos, onde moravam nossos pais, meus irmãos e amigos.

"O conhecimento de si mesmo é a chave do progresso individual. Mas como há de alguém julgar-se a si mesmo? Não

está aí a ilusão do amor-próprio para atenuar as faltas e torná-
-las desculpáveis? O avarento se considera apenas econômico
e previdente; o orgulhoso julga que em si só há dignidade. Isto
é muito real, mas tendes um meio de verificação que não pode
iludir-vos. Quando estiverdes indecisos sobre o valor de uma
de vossas ações, inquiri como a qualificaríeis, se praticada por
outra pessoa. Se a censurais noutrem, não a podereis ter por
legítima quando fordes o seu autor, pois que Deus não usa de
duas medidas na aplicação de Sua justiça.

Procurai também saber o que dela pensam os vossos semelhantes e não desprezeis a opinião dos vossos inimigos, porquanto esses nenhum interesse têm em mascarar a verdade, e
Deus muitas vezes os coloca ao vosso lado como um espelho,
a fim de que sejais advertidos com mais franqueza do que o faria um amigo. Perscrute, conseguintemente, a sua consciência
aquele que se sinta possuído do desejo sério de melhorar-se,
a fim de extirpar de si os maus pendores, como do seu jardim
arranca as ervas daninhas. Faça o balanço de seu dia moral,
como o comerciante faz o de suas perdas e seus lucros; e eu
vos asseguro que a primeira operação será mais proveitosa do
que a segunda. Se puder dizer que foi bom o seu dia, poderá
dormir em paz e aguardar sem receio o despertar na outra vida.
Formulai, pois, de vós para convosco, questões nítidas e pre-
cisas e não temais multiplicá-las. Justo é que se gastem alguns
minutos para conquistar uma felicidade eterna."

Santo Agostinho, em O livro
dos espíritos, perg. 919-A.

Mudança para Sertãozinho

> *A fé robusta dá a perseverança, a energia e os recursos que fazem se vençam os obstáculos.*
>
> Allan Kardec, em O *evangelho segundo o espiritismo*, cap. 19

EU SEMPRE DIGO que quando estamos no caminho certo, as coisas acontecem de uma forma incrivelmente rápida e fácil.

Meu marido e eu sempre demonstramos o interesse em voltar para nossa cidade, mas todas as circunstâncias que vivemos apontavam para ficarmos onde estávamos. Depois de restabelecida nossa rotina, em casa e no trabalho, voltamos a pensar no assunto de forma mais incisiva. A partir desse momento, surgiram algumas oportunidades de negócio, mas não nos sentíamos atraídos, até finalmente conhecermos o lugar onde moramos hoje.

O atual proprietário era conhecido da minha mãe e já tentava vender o imóvel há muito tempo, mas conosco foi tudo muito rápido: em uma semana a escritura do imóvel já estava no nosso nome e o lugar era perfeito, perto da casa dos meus pais e sogros.

Nosso foco agora era a reforma do nosso novo cantinho e os preparativos para a mudança. Sem tempo para pensar em tudo o que vinha passando, nem me dei conta de estar com a menstruação atrasada há três dias. Ao perceber isso, comprei alguns testes na farmácia e o positivo estava lá!

Chorei muito de emoção e não via a hora de contar para o meu marido. Ele chegou em casa, mostrei o teste a ele e choramos abraçados. Era um misto de alívio e alegria. Era a semana da minha especialização, então decidi esperar mais alguns dias para fazer o exame de sangue.

Fui ao laboratório numa sexta de manhã, já com uma semana de atraso e colhi sangue para o exame. Fui para o trabalho e, passado o tempo necessário para a divulgação do resultado, entrei em contato com o laboratório e recebi a seguinte notícia: "Seu exame deu inconclusivo. Precisamos da sua autorização para repeti-lo". Claro que questionei. Nunca tinha ouvido falar em um teste de gravidez, de laboratório, ser inconclusivo! A resposta foi que provavelmente a gestação estava muito no início e os hormônios se apresentavam ainda em níveis muito baixos. Daí a necessidade de um exame mais específico.

Passei o resto daquele dia inquieta, porque já sentia algo de errado. Não fiz o exame de forma antecipada, pelo contrário, esperei o tempo recomendado e ainda assim a dosagem hormonal era baixa? E se eu estivesse perdendo meu bebê?

O resultado saiu no final da tarde e foi positivo, compatível com uma gravidez de três semanas. Comentei com meu marido sobre o ocorrido, e foi de comum consenso que esperaríamos para contar às outras pessoas.

No sábado de manhã, ao acordar, percebi um sangramento pequeno. Como já tinha acontecido algo parecido na minha primeira gestação, eu tentei não me preocupar. Tentei, mas não consegui. Fui consumida por um medo enorme e incontrolável.

Fomos para o apartamento novo para resolvermos algumas questões acerca da reforma e lá notei que o sangramento só aumentava. Abracei o Marcelo sem dizer nada e chorei. Ele, percebendo algo errado, foi direto: "É alguma coisa com o bebê?"

Balancei a cabeça positivamente e ficamos alguns minutos quietos, pois sabíamos o que estava acontecendo: nosso bebê estava indo embora.

E assim, sem ninguém, além de nós dois saber do ocorrido, lamentamos nossa perda e buscamos ajuda no atendimento fraterno, na casa espírita.

O momento era doloroso, mas eu sentia a presença de uma criança próxima a mim. Só não sabia se era a que partia ou alguém prestes a chegar. Procurei confiar naquela intuição para não entrar novamente no ciclo doloroso, do qual eu acabara de sair: o da culpa, ansiedade, angústias e vitimização.

Além disso, fui buscar informação. Queria entender o aborto sobre o ponto de vista da doutrina espírita e eis as informações encontradas sobre a questão do aborto espontâneo:

"A união entre o espírito e o corpo é definitiva desde o momento da concepção? Durante esse primeiro período o espírito poderia renunciar a tomar o corpo que lhe foi designado?

A união é definitiva, no sentido em que outro

espírito não poderia substituir o que foi designado para o corpo, mas, como os laços que o prendem são mais frágeis, fáceis de romper, podem ser rompidos pela vontade do espírito que recua ante a prova escolhida. Nesse caso, a criança não vinga."[5]

"Há também espíritos que, pela recusa sistematicamente determinada em reencarnar, para fugir de determinadas situações, romperam os liames que os unia ao embrião. Estes terão seus débitos cármicos agravados e muitas vezes encontrarão posteriores dificuldades em reencarnar, sendo atraídos a gestações inviáveis e a pais necessitados de vivenciar a valorização da vida. Os abortos espontâneos podem ser resultado do compromisso dos pais, antes de reencarnar, de passarem pela prova da infertilidade, por terem adquiridos débitos com a lei universal na área do renascimento. Podem também ser experiência para aqueles que, por não compreenderem a profundidade do valor da vida, renascem com essa limitação como forma de aprendizado. Em alguns casos, o espírito programado para nascer foi cúmplice do processo que envolvia todos os personagens."[6]

Nada como uma doutrina esclarecedora e consoladora para nos explicar tamanhas dificuldades enfrentadas! Mais uma vez eu estava diante de um processo expiatório, consequência de nossas escolhas pretéritas

---

[5] Allan Kardec, em *O livro dos espíritos*, cap. 7, perg. 345.
[6] André Luiz, por Francisco Cândido Xavier e Waldo Vieira, em *Evolução em dois mundos*, cap. 14.

e restava confiar. Eu não podia perder a fé. Aliás, fé que seria testada em pouco tempo, pois o aniversário da Helena estava chegando – seria em menos de um mês!

"Se a vida individual começa somente com o nascimento terrestre, se, antes dele, nada existe para cada um de nós, debalde se procurarão explicar estas diversidades pungentes, estas tremendas anomalias e ainda menos poderemos conciliá-las com a existência de um poder sábio, previdente, equitativo.

Todas as religiões, todos os sistemas filosóficos contemporâneos vieram esbarrar com este problema; nenhum o pôde resolver. Considerado sob seu ponto de vista, que é a unidade de existência para cada ser humano, o destino continua incompreensível, ensombra-se o plano do Universo, a evolução para, torna-se inexplicável o sofrimento. O homem, levado a crer na ação de forças cegas e fatais, na ausência de toda justiça distributiva, resvala insensivelmente para o ateísmo e o pessimismo.

Ao contrário, tudo se explica, se torna claro com a doutrina das vidas sucessivas. A lei de justiça revela-se nas menores particularidades da existência. As desigualdades que nos chocam resultam das diferentes situações ocupadas pelas almas nos seus graus infinitos de evolução. O destino do ser não é mais do que o desenvolvimento, através das idades, da longa série de causas e efeitos gerados por seus atos. Nada se perde; os efeitos do bem e do mal se acumulam e germinam em nós até ao momento favorável de desabrocharem. Às vezes, expandem-se com rapidez; outras, depois de longo lapso de tempo, transmitem-se, repercutem, de uma para outra existência, segundo a sua maturação é ativada ou retardada pelas influências ambientes; mas, nenhum desses efeitos pode desaparecer por si mesmo; só a reparação tem esse poder."

Léon Denis, em O *problema do ser, do destino e da dor*, cap. 13.

Primeiro aniversário da Helena

DURANTE UM ANO, os dias 25 de cada mês foram dias de saudades. Eu lembrava da Helena e só conseguia pensar que ainda teria uma vida inteira para sentir falta dela. Ainda assim, procurava marcar esses dias com vibrações de harmonia. Evitava lamentar ou ter qualquer outro tipo de sentimento capaz de desarmonizá-la. Repetia para mim mesma a importância de lembrá-la de forma carinhosa e feliz, pois esse sempre foi meu desejo: ser lembrada com alegria!

Ficava imaginando como seria quando o décimo segundo dia 25 chegasse. Questionava o meu íntimo se eu teria forças para manter essa harmonia.

Hoje percebo que, ao longo de um ano, eu fui construindo esse dia, hora por hora dele. Eu o imaginava triste a princípio, mas, com o passar do tempo e com as conquistas frente ao processo de reflexão e aprendizado, a data já não me assustava mais.

No dia 24 de novembro de 2016, recebi uma ligação, à noite já, de um amigo querido para me dar a grande notícia de que o livro contando nossa história seria publicado e dentro de poucos meses estaria confortando os corações de outras famílias. Meu coração transbordava gratidão! Era meu presente para nossa filha!

Assim, cercada de grande alegria, o dia do primeiro aniversário da Helena chegou. Era uma sexta-feira, ensolarada e quente, exatamente como há um ano. Eu passei o dia em casa e fiz tudo conforme a rotina já estabelecida para uma sexta-feira qualquer. À tarde, entretanto, resolvi fazer um bolo. Nunca fui exímia cozinheira, mas a intenção era ocupar meu tempo. E assim aconteceu: passei a tarde toda na cozinha e fiz um bolo enorme, com gosto agradável, diga-se de passagem, mas digno de uma festa para cerca de vinte pessoas! Nunca o comeríamos em tempo hábil, e isso acabou gerando uma cena engraçada, quando meu marido chegou em casa. E assim o dia passou, leve, com o coração cheio de amor e sem tristeza. E eu tenho certeza de que nossa filha ficou orgulhosa de nós por isso.

Quando relembro essa data, não posso deixar de pensar em como somos amparados por nossos amigos espirituais. Era quase palpável a energia de paz dentro da minha casa naquele dia e posso afirmar, sem medo, de estarem presentes ali espíritos amorosos e familiares cuidando de mim o tempo todo. Sem isso, não teria tido forças nem para me levantar!

Mesmo repassando em minha memória cada minuto que sucedeu após minha bolsa romper, eu não conseguia ficar triste. Sentia tanta paz e tanta alegria que o clima em casa era mesmo de comemoração. Ficou para trás toda a dor da incerteza, carregada meses a fio, acerca de como seria esse aniversário e isso só comprovava que eu realmente havia entendido e aprendido o necessário. A cada novo aniversário, a sensação se repete: amparo, paz, alegria, e, claro, muita saudade. Fico imaginando nossa menina correndo por campos floridos, sem nenhuma das amarras impostas por sua doença. Eu a vejo saudável, sorridente e, acima de tudo, feliz, pelos desafios que ela conseguiu superar. E assim, consigo enxergar a misericórdia de Deus e todo o seu amor.

Ele nos permitiu estreitar laços, reparar erros e construir sentimentos que talvez não conseguíssemos, caso nossa trajetória fosse diferente. Também vejo sua bondade infinita quando permite, como disse Léon Denis,[7] a descida de um ente amado até nós, para recolher cada uma de nossas dores e tecer um caminho de luz.

E hoje, quando penso nela, compreendo que saudade é amor que sobra! Eu tinha tanto amor para oferecer, mas circunstâncias da vida nos impediram de vivê-lo. E amor, o verdadeiro, não dói, não machuca e nem faz sofrer. E se ele sobra, misturado nesta saudade, pensar na minha menina só enche meu coração de alegria!

"À dor, à tristeza humanas, Deus deu por companheira a simpatia celeste. E essa simpatia muitas vezes toma a forma

---

[7] *O problema do ser, do destino e da dor*, cap. 8.

de um ser amado que, nos dias de provação, desce, cheio de solicitude, e recolhe cada uma de nossas dores para com elas nos tecer uma coroa de luz no espaço. (...) Nas horas de aflição, o espírito de um pai, de uma mãe, todos os amigos do céu se inclinam para nós e banham nossas frontes com seus fluidos doces e afetuosos; envolvem nosso coração com quentes palpitações de amor. Como nos entregarmos à dor ou ao desespero na presença de tais testemunhas, certos de que elas veem as nossas inquietações, leem nossos pensamentos, nos esperam e se aprontam para nos receber nos campos da imensidade!"

Léon Denis, em *O problema do ser, do destino e da dor*, cap. 8.

"A fé é o remédio seguro do sofrimento; mostra sempre os horizontes do infinito diante dos quais se esvaem os poucos dias brumosos do presente. Não nos pergunteis, portanto, qual o remédio para curar tal úlcera ou tal chaga, para tal tentação ou tal prova. Lembrai-vos de que aquele que crê é forte pelo remédio da fé e que aquele que duvida um instante da sua eficácia é imediatamente punido, porque logo sente as angústias da aflição.

O Senhor pôs o seu selo em todos os que nele creem. O Cristo vos disse que com a fé se transportam montanhas e eu vos digo que aquele que sofre e tem a fé por amparo ficará sob a sua égide e não mais sofrerá."

Santo Agostinho, *O evangelho segundo o espiritismo*, 2ª parte, cap. 5-19.

O Natal e nosso presente

Deus não dá prova superior às forças daquele que a pede; só permite as que podem ser cumpridas.

Allan Kardec, em O *evangelho segundo o espiritismo*, cap. 14-9

O ANO DE 2016 estava chegando ao fim. Foi o ano mais intenso e transformador da minha vida, pelo menos até então. Um ano de muitos desafios a serem superados, muita dor e aprendizado. Um ano também de conhecer pessoas novas, dividir experiências e compartilhar minha história. No entanto, eu só queria terminar esse período. Como se o primeiro dia do novo ano fosse o responsável por iniciar um novo ciclo. Eu tinha certeza de que era exatamente isso que iria acontecer!

Na noite do Natal, após a tradicional oração da meia-noite, partimos para os cumprimentos da família. Claro que, ao chegar em mim, eu sentia a voz embargada de cada um. Meu pai, no entanto, não segurou a emoção. Num abraço apertado e chorando, disse que sentia saudade da nossa pequena. Eu só consegui confortá-lo. Eu disse ter certeza de que no próximo ano eu teria nos braços um novo bebê.

No dia seguinte, percebi estar com a menstruação atrasada, mas diante do acontecido dois meses antes, preferi não comentar nada com ninguém e aguardar mais alguns dias.

Assim, na semana seguinte, fiz o primeiro teste de farmácia e o positivo veio instantaneamente, como não havia acontecido nas outras duas gestações. Fiz o segundo teste e lá estava o positivo novamente. Dessa vez, não chorei de emoção; pelo contrário, eu estava tão eufórica que ria sozinha em casa!

Fui a um laboratório dois dias depois e ao voltar para pegar o exame, conversando com a recepcionista sobre o exame para saber o sexo do bebê, comentei: "Olha eu preocupada com um exame, sem nem saber se estou grávida mesmo." E ela respondeu: "Moça, você está muito grávida!"

Ao abrir o resultado, vi os valores da dosagem de Beta HCG, o hormônio específico da gravidez, dez vezes maiores em relação ao exame da minha primeira gestação! Realmente eu estava 'muito grávida'. Não restava nenhuma dúvida. Acabávamos de receber nosso presente de Natal.

Compartilhei a notícia apenas com Marcelo. E as comemorações do Ano Novo foram realmente especiais. Eu tinha razão: era um novo ciclo das nossas vidas que estava começando.

Tudo era tão recente, mas tão diferente – do teste de farmácia ao de laboratório, da reação de euforia ao desejo de manter tudo em segredo – que tive medo.

Será que realmente estava vivendo aquilo?

Eu me senti muito insegura no início da gestação: tinha medo do aborto, do primeiro ultrassom, medo de viver novamente uma experiência dolorosa. Precisava me cercar de toda segurança possível, então decidi mudar de médica, por não ter me sentido acolhida na última consulta.

Marquei uma hora nesse novo consultório e levei meus exames. Contei toda minha história e falei da minha insegurança. A obstetra foi gentil e ouviu tudo sem me interromper. Ao final, esclareceu-me sobre vários pontos, e o primeiro foi sobre a alta dosagem de Beta HCG. Na verdade, estava absolutamente normal. O meu primeiro exame, da gestação da Helena, é que era muito baixo, o que já era o primeiro sinal de uma gravidez de risco. A segunda questão foi em relação ao acompanhamento da gestação. Nada de especial seria feito, pois tudo parecia estar caminhando bem, mas ela me cercaria de toda segurança possível, encaminhando-me para profissionais de sua confiança e me atendendo sempre que eu precisasse.

"Tem fé em teu destino, porque ele é grande. Confia nas amplas perspectivas, porque ele põe em teu pensamento a energia necessária para enfrentar os ventos e as tempestades do mundo. Caminha, valente lutador, sobe a encosta que conduz a esses cimos que se chamam virtude, dever e sacrifício (...)

Olha nos esplêndidos céus esses astros brilhantes, esses sóis incontáveis que carregam, em suas evoluções prodigiosas, brilhantes cortejos de planetas. Quantos séculos acumulados foram precisos para formá-los e quantos séculos serão precisos para dissolvê-los. (...)

Porém tu viverás sempre, prosseguindo tua marcha eterna no seio de uma criação renovada incessantemente. Que serão então, para tua alma depurada e engrandecida, as sombras e os cuidados do presente?"

Léon Denis, em O *progresso*, cap. 7.

Lembranças e alegrias

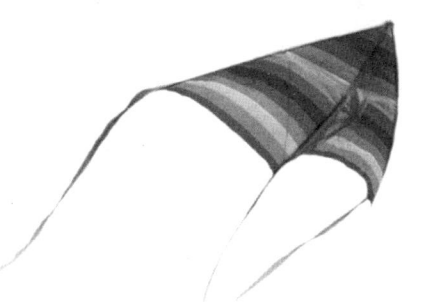

SAÍ DA CONSULTA com meu primeiro ultrassom marcado: dia 16 de janeiro de 2017. Uma segunda-feira normal para qualquer pessoa, mas para nós tratava-se do dia seguinte ao aniversário da minha irmã caçula e ao de um ano de desencarnação da Helena!

Era um dia difícil para todos, mas Marcelo e eu estávamos bem, pois sempre carregamos a certeza de que nossa filha se encontra muito melhor no plano espiritual – sem as amarras das imperfeições do corpo ou das dores físicas. Além disso, nosso coração transbordava de alegria pela nova vida que nos acompanhava. No entanto, mais ninguém tinha conhecimento disso.

Sabíamos do peso desse dia para minha irmã, afinal ela decidiu ficar reclusa e não comemorar sua nova idade como sempre fazia, e também para os nossos pais, que lamentavam a morte da nossa primogênita.

Decidimos então nos antecipar ao exame e contar, primeiro para minha irmã (foi meu presente de aniversário para ela) e em seguida ao restante da família.

Ao darmos a notícia eu senti a casa explodir de felicidade e alívio. Era como se a nuvem espessa e densa de tristeza se dissipasse em questão de segundos e o sol entrasse por cada fresta daquele lar, desenhando pequenos arco íris no ambiente. Todos nos abraçavam e choravam emocionados!

Aliás, Bebê Arco-íris é como eu passei a chamar essa criança que eu gerava. Eu conheci o termo depois de ler várias histórias parecidas com a minha. Ele é usado para denominar as crianças que nascem de mães que sofreram anteriormente um aborto espontâneo ou que tiveram um filho morto prematuramente. Assim como um arco-íris, são a luz colorida de esperança após uma cinzenta tempestade.

Nosso bebê também chegou como essa luz pulsante, intensa e cheia de cor, indicando um novo caminho e trazendo a esperança de uma vida cheia de novidades.

Claro que tive medo, e muito, aliás! Eu tinha duas escolhas: viver nove meses angustiada e cheia de medo e incertezas, ou confiar em Deus e acreditar que tudo seria exatamente da maneira que deveria ser e dentro dos limites das minhas forças e da minha capacidade de aceitação. Eu escolhi a segunda opção.

Cerca de trinta minutos antes da hora marcada para o exame, Marcelo e eu estávamos na sala de espera.

Senti um frio na barriga, quando ouvi meu nome. Segurei forte a mão do meu marido e entramos. Contei ao médico o motivo da toda a minha tensão e nervosismo, já que eram evidentes os sinais: corpo trêmulo, pés inquietos, voz embargada. Ele, muito compreensivo, tratou de me acalmar, mostrando e explicando cada detalhe do exame. Estava tudo bem com nosso bebê! A única coisa que não batia era a idade gestacional. Pelas minhas contas, eu havia engravidado por volta de 1 ou 5 de dezembro, mas o ultrassom apontava a data de 25 de novembro. O aniversário da Helena!

Ela estaria, assim, sempre presente nas datas marcantes dessa nova gestação. Era como o seu presente para nós.

"Em que momento a alma se une ao corpo?

A união começa na concepção, mas só é completa por ocasião do nascimento. Desde o instante da concepção, o espírito designado para habitar certo corpo a este se liga por um laço fluídico, que cada vez mais se vai apertando até ao instante em que a criança vê a luz. O grito que então solta anuncia que ela se conta no número dos vivos e dos servos de Deus."

Allan Kardec, em *O livro dos espíritos*, perg. 344.

"Admirai a bondade de Deus, que nunca fecha a porta ao arrependimento. Vem um dia em que ao culpado, cansado de sofrer, com o orgulho afinal abatido, Deus abre os braços para receber o filho pródigo que se lhe lança aos pés. *As provas rudes*, ouvi-me bem, são quase sempre indício de um fim de sofrimento e de um aperfeiçoamento do espírito, quando aceitas com o pensamento em Deus. É um momento supremo, no qual, sobretudo, cumpre ao espírito não falir murmurando, se não quiser perder o fruto de tais provas e ter de recomeçar. Em vez de vos queixardes, agradecei a Deus o ensejo que vos proporciona de vencerdes, a fim de vos deferir o prêmio da vitória. Então, saindo do turbilhão do mundo terrestre, quando entrardes no mundo dos espíritos, sereis aí aclamados como o soldado que sai triunfante da refrega."

Allan Kardec, em O *evangelho*
segundo o espiritismo, cap. 13-19.

Mudança de cidade

Os processos de Deus são sempre os melhores, e, quando se tem o coração puro, facilmente se lhes apreende a explicação.

Allan Kardec, em O *livro dos espíritos*, perg. 385

EM FEVEREIRO, NOSSA casa já havia passado pelas reformas necessárias e estava pronta, e programamos a melhor data para nos mudarmos. Fui à consulta de pré-natal e a médica me pediu para marcar o ultrassom morfológico. Como um cuidado especial, ela solicitou ao médico responsável para analisar tudo o que fosse possível nesse exame, ou seja, o que normalmente é avaliado no ultrassom morfológico realizado com 20 semanas de gestação já seria visto agora, com 12 semanas. Dessa maneira, segunda ela, nos prepararíamos para qualquer situação ou imprevisto que surgisse.

Liguei na clínica e agendei o exame: no mesmo dia da nossa mudança. Não tinha como alterar, porque era o único horário disponível para o período em que eu estaria de 12 semanas, e não poderíamos adiantar ou adiar, pois corria-se o risco de afetar algum parâmetro a ser avaliado pelo profissional.

Na verdade, nem me preocupei em tentar mudar a data. Ocupada com as arrumações da mudança e tendo que tomar todas as providências para que ela acontecesse da melhor forma possível, eu manteria minha mente cheia e não abriria espaço para a ansiedade.

O dia 19 de fevereiro chegou e tudo estava pronto para nos mudarmos. Fechar a porta daquele apartamento vazio foi difícil. Um filme passou na minha cabeça: o primeiro dia de casada ali dentro, as noites com amigos, o primeiro positivo e depois os outros, as noites acordada e aflita, os dias chorando, a recuperação e aprendizado.

Caminhei pelos quartos e o único que ainda guardava algum resquício de vida ali dentro era justamente o da Helena, por conta do colorido do papel de parede. Andei pela sala e me recordei de tantas noites em claro ali. Fui para a cozinha e me lembrei do dia em que recebemos em nossa casa uma grande amiga, com o objetivo de juntar-se a nós no Evangelho no Lar, para acalmar nossos corações cheios de aflição e incertezas.

Finalmente, cheguei à porta dos fundos e a fechei, encerrando um ciclo, para iniciar outro cheio de cor e de alegria. Um ciclo tão especial quanto aos outros vividos ali e que resultaram no que sou, mas com o colorido especial da esperança.

Nossa manhã foi repleta de trabalho, com muita limpeza e arrumação, pois tínhamos a intenção de deixar tudo pronto até a hora do ultrassom, no meio da tarde. E isso foi essencial para o tempo passar sem nos causar grandes ansiedades.

Chegamos à clínica, acompanhados da minha mãe e da esposa do meu irmão. Tê-las ao nosso lado serviu para acalmar nossas mentes inquietas e corações aflitos. Ao sermos chamados para a sala de exame, senti minhas pernas tremerem e, por segundos, revivi o mesmo exame, há 2 anos, que nos trouxe tantas incertezas e desespero.

Respirei fundo, fiz uma breve oração, pedindo paz e serenidade para aceitar tudo o que estivesse por vir, e logo me senti invadida pela sensação de confiança.

O médico que me examinaria seria o mesmo do primeiro ultrassom. Ele já estava ciente de toda nossa história e das expectativas diante desta gestação, além de ser um profissional no qual minha obstetra confiava. Pouco a pouco, ele foi examinando nosso bebê e calmamente nos informando sobre tudo. Analisou todos os órgãos, medidas, batimentos cardíacos: tudo normal! Não quis revelar o sexo, pois achou mais prudente esperarmos um pouco e também confirmou a idade gestacional, colocando a data de 25 de novembro como o dia em que nosso bebê chegou até nós.

Saímos da sala aliviados e felizes. Fazia tempo que não me sentia tão leve e feliz!

Abraçamos minha mãe e minha cunhada. O Marcelo começou a chorar compulsivamente na porta da clínica. Ele só conseguia dizer:

– Hoje eu choro de alegria! Finalmente vamos curtir esta gravidez!

E foi com a sensação de plenitude que retornamos à nossa casa e terminamos a arrumação! Finalmente, o quarto do bebê seria montado sem medo. As caixas seriam abertas e nosso cantinho começaria a tomar forma.

Só nesse momento eu me dei conta de que já estava com três meses de gravidez e não havia comprado nem planejado nada para o nosso filho ou filha. Era como se meu inconsciente tivesse trabalhado para não fazer planos.

Só quem passou por uma gestação cheia de incertezas sabe o quanto ter um diagnóstico de que tudo vai bem é libertador! Ele remove toda e qualquer amarra de medo e insegurança. Muita coisa ainda estava por vir, mas o importante era estar feliz naquela hora. Viver o momento e estar em paz.

Com essa alegria tomando nossos corações, havia chegado a hora de compartilhar a notícia com todo mundo. E foi maravilhoso receber centenas de mensagens carinhosas, abraços calorosos e me ver cercada de pessoas torcendo pela minha alegria e pela vida do nosso bebê.

Agora eu precisava chamá-lo pelo nome, então decidi fazer a sexagem (exame de sangue no qual é possível identificar o sexo do bebê). Colhi uma amostra de sangue um dia depois do ultrassom e em quatro dias o resultado chegou, confirmando a minha intuição: mais uma menina estava a caminho!

Alice, nosso Bebê Arco-íris, a luz e as cores que faltavam na nossa vida, estava a caminho.

Levei o exame para minha médica e ela confirmou todos os diagnósticos positivos. Ainda assim, eu precisava saber se existia a possibilidade de alguma coisa acontecer até o final da gestação e surgir um problema de saúde na

Alice que não havia sido detectado nesse momento. A resposta dela foi: não! Estava tudo bem com nossa menina, mas claro que outras intercorrências poderiam acontecer, como em qualquer gestação. Seu conselho foi para que eu aproveitasse e curtisse o nosso momento, em paz e feliz. Eu digo que Helena veio dar um sentido à minha vida e me tornar uma mãe melhor, e deixou seu perfume. A Alice veio me ensinar a maternidade e toda a sua rotina enlouquecedora e mostrar todos os desafios nela contidos, e trouxe cor aos meus dias.

"Compreendei agora o grande papel da Humanidade; compreendei que, quando produzis um corpo, a alma que nele encarna vem do espaço para progredir; inteirai-vos dos vossos deveres e ponde todo o vosso amor em aproximar de Deus essa alma; tal a missão que vos está confiada e cuja recompensa recebereis, se fielmente a cumprirdes. Os vossos cuidados e a educação que lhe dareis auxiliarão o seu aperfeiçoamento e o seu bem-estar futuro. Lembrai-vos de que a cada pai e a cada mãe perguntará Deus: Que fizestes do filho confiado à vossa guarda?

(...) A tarefa não é tão difícil quanto vos possa parecer. Não exige o saber do mundo. Podem desempenhá-la assim o ignorante como o sábio, e o espiritismo lhe facilita o desempenho, dando a conhecer a causa das imperfeições da alma humana."

Allan Kardec, em *O evangelho segundo o espiritismo*, cap. 13-19.

Gerando um novo bebê

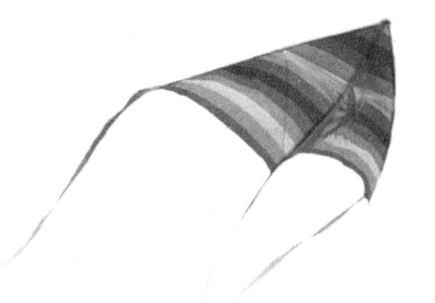

GRANDE PARTE DOS questionamentos que recebo acerca da gravidez da Alice é em relação aos medos e inseguranças. Muitas mulheres me perguntam se a gestação foi tranquila, se tive muito medo, se eu conseguia fazer tudo normalmente.

Antes do ultrassom das 12 semanas, fiquei muito insegura, sim. Mas o Marcelo me disse uma frase certa vez que ficou gravada na minha memória: "Nós enterramos uma filha! Não existe dor maior... Mas estamos vivos, seguimos nossas vidas, superamos. Se acontecer de novo, a gente dá conta"!

No fundo, eu precisava viver uma experiência diferente para entender o quanto gerar uma vida pode ser leve e tranquilo! Na primeira gestação, os exames eram sempre tensos, incertos, feitos por médicos apressados, e eu saía aflita na grande maioria das vezes. Então, por um bom tempo, eu associei o ultrassom ao medo.

Depois do resultado do primeiro exame da Alice, foi como se a gratidão e a alegria ocupassem o lugar do medo. Não tinha mais espaço para inseguranças. Eu procurava não ficar criando situações angustiantes diante dessa gestação, seja ouvindo histórias tristes, seja estando ao lado de pessoas pessimistas.

Eu sempre procurei o lado bom e positivo em tudo na minha vida. É um exercício diário. Não é fácil, mas o resultado é libertador. Se acredito em um Deus justo, devo entender que o momento doloroso pelo qual estou passando é a colheita de uma semeadura minha, desta ou de outra vida. Se acredito Nele como misericordioso, confio nas pessoas ao meu redor e nas ferramentas disponíveis na minha vida para suportar tudo, porque sei que foi Ele quem me ofereceu cada uma delas. E, acima de tudo, se creio na Sua bondade, sei que tudo a ser enfrentado é para o meu crescimento e aprendizado. Nenhuma dor deve ser em vão. Um plano muito maior está por trás de toda a nossa história.

Cada pessoa em nossa vida tem um propósito e nossos caminhos estão interligados, através de um compromisso firmado muito antes de reencarnarmos, ainda no plano espiritual. Viemos unidos pelo amor para rearmonizar nossa existência, entrelaçados uns aos outros, com o objetivo de aprender a perdoar, a ajudar e, acima de tudo, evoluir, progredir.

Quando trazemos a certeza de sermos parte de um plano, no qual tudo está no exato lugar em que deveria estar, deixamos o tempo trabalhar a nosso favor, acalmando nossos corações.

E foi assim na gestação da Alice: os dias se passaram de forma leve. Deixei-me envolver na energia revigorante da vida que eu gerava, sendo preenchida por todo amor e toda luz desse espírito que confiou na minha capacidade de amá-lo.

Ainda assim, acredito que precisava ser testada mais uma vez. Era 22 de junho, aniversário da minha mãe. Levantei cedo e quando fui ao banheiro me dei conta da presença de um sangramento abundante. Entrei em pânico e não conseguia pensar em nada, a não ser gritar pelo Marcelo, que já se preparava para o trabalho. Não me lembro de como saí de casa. Só sei que em poucos minutos estávamos no hospital. Fui examinada pelo médico de plantão, que tratou de me acalmar. Eu chorava muito, quando vi que ele conseguia ouvir perfeitamente os batimentos cardíacos da Alice. Ele pediu para eu permanecer em repouso, na sala de observação, e foi falar com meu marido. Liguei para a minha mãe e pedi para ela ficar do meu lado. Precisava dela ali!

O médico disse que o sangramento era significante e precisava ser investigado, por isso faríamos um ultrassom de urgência. Durante o exame, ouvimos mais uma vez o coração da nossa filha. Ela estava ali, brincando dentro de mim, alheia a tudo o que estava acontecendo.

Entramos em contato com minha médica e ela solicitou minha internação. Preferiu me deixar em observação, medicada, até que o sangramento melhorasse e aproveitou para solicitar outros exames, já que o descolamento de placenta, uma das suspeitas, havia sido descartado.

Meu marido e minha mãe ficaram o tempo todo comigo, tentando me acalmar. Eu só conseguia rezar e pedir muito para cuidarem da nossa filha. E, por alguns momentos, senti que ela respondia às minhas orações. Ela se mexia muito, o tempo todo, como se dissesse: "mamãe fica calma, estou bem!" E realmente estava tudo bem com ela, e comigo.

Os exames não apontaram nenhuma infecção, ou qualquer outro problema que justificasse o sangramento. A explicação médica era que, provavelmente, algum vaso sanguíneo havia se rompido devido a um esforço exagerado.

Fiquei repassando minha trajetória dos últimos dias, mas não conseguia identificar nenhuma situação que pudesse relacionar ao sangramento. Independentemente disso, fui medicada e precisava de repouso por alguns dias.

Sozinha, em casa, durante esse período, refleti sobre tudo o que aconteceu e sobre como reagi diante desses fatos. No início, como de costume, me cobrei bastante por ter entrado em desespero. Afinal, falo tanto sobre a fé, sobre confiar em Deus... Mas, depois, analisando mais friamente, eu deixei as cobranças de lado, afinal, agi com meu coração! Sou um ser humano, com defeitos e imperfeições, seguindo no caminho do meu melhoramento íntimo! E estar no caminho da perfeição não significa ter alcançado o objetivo, mas estar em busca dele.

Eu me desesperei, porque sei exatamente a dor de enterrar um filho e não queria passar por ela de novo. Sei qual a sensação de ter os sonhos interrompidos, e só queria poder realizar os meus. Senti estar muito perto da dor que havia sentindo tão recentemente!

Em minhas orações, nunca pedi facilidades como mãe, mas sempre implorei pela saúde: minha, do meu companheiro e do nosso filho! Eu pedia um filho para levar para casa, para cuidar, e também muito discernimento e serenidade para identificar e compreender todos os desafios inerentes à maternidade.

Eu confio em Deus e em seus desígnios. Não dá para viver a vida na inércia da fé cega, porque a fé raciocinada, como ensina o espiritismo, é exatamente o contrário: é busca, é movimento, é sair da zona de conforto e lutar contra todos os nossos medos e anseios, confiando e buscando Deus. Por isso sempre peço a Ele, em minhas orações, o que acredito ser bom para o meu crescimento. E para eu sentir que estava exercitando o amor eu precisava ter minha filha nos meus braços, ver meus planos sendo realizados ao lado dela, ter a possibilidade de educá-la, mostrar tudo o que já aprendi e vivi.

Depois de uma semana em casa, voltei à minha rotina de trabalho.

Passei por nova consulta médica e pude externar toda a minha gratidão pela atenção despendida a mim e ao meu marido no nosso momento de desespero. O acontecido foi mais uma forma de compreender que estávamos no caminho certo, ao escolhê-la para cuidar de mim e receber nossa filha, e eu precisava dizer isso a ela. Acho importantíssimo deixar claro para as pessoas o quanto somos gratos por tê-las por perto!

Ela me deixou segura, mais uma vez, com sua conversa confiante acerca de nossa menina. Saí feliz do consultório e cheia de disposição para organizar o chá de bebê da Alice e começar os preparativos do seu quarto.

Marquei um encontro com algumas amigas, tias e primas para que pudéssemos começar a comemorar a chegada da Alice. Fiz questão de organizar e preparar cada detalhe daquela tarde, cercada de muita alegria e carinho. Fiz o mesmo com Helena, mas desta vez eu deixei todos os afazeres para bem perto da data marcada. Hoje, percebo que durante toda a gravidez da Alice eu procurei não fazer muitos planos e nem ir atrás das coisas com muita antecedência. Talvez fosse um mecanismo inconsciente de autoproteção para não me decepcionar tanto, caso passássemos pela frustração novamente de ter os planos destruídos.

Procurei deixar meu coração me levar pelos caminhos que me deixassem mais calma, serena e confiante.

Eu já estava de 37 semanas quando terminei de organizar todo o quarto da Alice. A maior parte do que ela tinha eram presentes, ou para a Helena, ou para ela. Não tive nenhum problema de usar as coisas da irmã.

Não temos pudores ou receios em falar ou lembrar de Helena e nem cultuamos sua memória como se ela fosse um ser extraordinário que deva ser venerado. Ela é nossa filha, irmã da Alice, presente na nossa história como a de qualquer família de dois filhos! A Alice e sua energia de vida fizeram com que essa gestação fosse uma "estação de esperanças e alegrias intraduzíveis", como disse André Luiz.[8] Certa vez, assistindo à apresentação de um coral espírita, uma das moças que cantava veio até mim e disse que mal pôde se concentrar enquanto cantava, pois via uma luz intensa e colorida saindo da minha barriga. Ela me pediu um abraço e disse ter certeza de que um espírito muito grato e com muito amor estava ali, diante de nós. Ela só disse o que eu sentia desde o início: uma energia amorosa e intensa tomava conta de mim. E eu me considero abençoada por ter vivido isso!

"Não se devem considerar como sucessos ditosos apenas o que seja de grande importância. Muitas vezes, coisas aparentemente insignificantes são as que mais influem em nosso destino. O homem facilmente esquece o bem, para, de preferência, lembrar-se do que o aflige. Se registrássemos, dia a dia, os benefícios de que somos objeto, sem os havermos pedido, ficaríamos, com frequência, espantados de termos recebido tantos e tantos que se nos varreram da memória, e nos sentiríamos humilhados com a nossa ingratidão. Todas as

---

[8] André Luiz, por Chico Xavier, em *Entre a terra e o céu*, cap. 30.

noites, ao elevarmos a Deus a nossa alma, devemos recordar em nosso íntimo os favores que Ele nos fez durante o dia e agradecer. Sobretudo no momento mesmo em que experimentamos o efeito da sua bondade e da sua proteção, é que nos cumpre, por um movimento espontâneo, testemunhar-lhe a nossa gratidão. Basta, para isso, que lhe dirijamos um pensamento, atribuindo-lhe o benefício, sem que se faça mister interrompamos o nosso trabalho. Não consistem os benefícios de Deus unicamente em coisas materiais. Devemos também agradecer-lhe as boas ideias, as felizes inspirações que recebemos. Ao passo que o egoísta atribui tudo isso aos seus méritos pessoais e o incrédulo ao acaso, aquele que tem fé rende graças a Deus e aos bons espíritos. São desnecessárias, para esse efeito, longas frases. "Obrigado, meu Deus, pelo bom pensamento que me foi inspirado", diz mais do que muitas palavras. O impulso espontâneo, que nos faz atribuir a Deus o que de bom nos sucede, dá testemunho de um ato de reconhecimento e de humildade."

Allan Kardec, em *O evangelho segundo o espiritismo*, cap. 27-7.

O dia da Alice

Nossos destinos são idênticos.
Não há privilegiados nem
deserdados.

Léon Denis, em
Depois da morte, cap. 12

EU ESTAVA COM 38 semanas, na sala de espera do consultório da minha obstetra, quando ouvi a secretária comentar sobre um congresso de que ela participaria no final da semana seguinte, o que a faria se ausentar dos atendimentos por sete dias. Rapidamente fiz minhas contas e vi que ela estaria em outro Estado, quando eu completasse 40 semanas de gestação. Eu queria muito que Alice viesse por parto normal, queria esperar o tempo dela, mas precisava ter minha médica comigo nessa hora. Eu precisava me sentir segura.

Ao entrar na sala, perguntei se realmente existia o compromisso e a resposta foi afirmativa. Senti pavor ao ouvir isso! Foi como se eu voltasse dois anos no tempo, para dentro do hospital, e do centro cirúrgico, e revivesse toda a angústia de um trabalho de parto de oito horas, assistido por pelo menos três médicos diferentes e que terminou numa cesárea rápida, sem conversas, com um choro fraco da minha filha, longe do meu marido.

Não precisei falar nada, acho que minha fisionomia demonstrou todo o meu pânico. Ela pegou o calendário, meus exames, os ultrassons e disse que haveria a possibilidade de marcarmos uma cesárea para o dia 23 de agosto, quando eu já estaria de 39 semanas. Para isso, precisaríamos confirmar, por um último ultrassom, se Alice estava bem, com peso e tamanho adequados. Caso contrário, deveríamos esperar.

Fiz o exame e Alice estava grande e gordinha. Pronta para nascer, segundo o médico. Então era isso: dia 23 de agosto de 2017 seria o dia da Alice! O dia em que eu veria seu rosto, sentiria o eu cheiro, ouviria seu choro...

Eu tinha uma semana para organizar o que faltava, arrumar as malas, organizar casa e trabalho e, claro, ocupar meu tempo de todas as formas possíveis para não deixar nenhum tipo de pensamento ruim tomar conta de mim e aumentar a minha ansiedade. Procurei não ficar sozinha, estudar, aproveitar para receber algumas amigas em casa e passar uma tarde conversando, passear com minha mãe, ir ao centro espírita. Enfim, ocupar minhas horas com algo produtivo e prazeroso.

Na noite anterior ao parto, rezei muito para tudo correr bem e a Alice chegar com saúde; para a equipe médica estar firme no propósito de acolher e receber aquele espírito prestes a nascer e para que todos os envolvidos estivessem com os corações em paz e harmonia para receber dos seus mentores a inspiração necessária para tornarem aquele momento sublime e mágico o mais sereno possível.

Minhas preces foram atendidas! A chegada ao hospital, a internação, o preparo para a cesárea, cada um desses momentos estava envolvido por uma energia surreal. Eu me sentia abraçada, segura e plena como nunca havia me sentido antes. O clima no centro cirúrgico era leve e feliz, e eu estava rodeada de pessoas conhecidas, mesmo sem ter ideia de que elas estariam lá.

O anestesista chegou, me anestesiou e logo chegou minha médica. Em poucos minutos, a sala se encheu com o som do choro da Alice – forte e estridente como eu tanto pedi!

A médica disse:

– A Alice nem saiu da sua barriga completamente e já está chorando. Obediente, fazendo como a mamãe pediu. E ela é branquinha e cheia de cabelos!

Eu estava tão feliz! Tão cheia da luz que ela me trouxe, que mal conseguia ouvir o que o resto da equipe falava. Em poucos minutos, ela estava do meu lado e pude sentir sua mão acariciar meu rosto e o seu choro cessou.

Terminados todos os procedimentos em mim e nela, colocaram minha bebê em meu peito e pude sentir ela sugando toda a vida que eu podia oferecer a ela. E ficamos assim, ela sentindo o calor do meu colo e do meu peito e eu sentindo o dela, pele a pele, por quase duas horas. As pessoas entravam e saíam do nosso quarto e eu só conseguia ver a Alice. Finalmente, senti a alegria do nascimento, da vida! Finalmente, meus seios alimentavam um bebê e não uma máquina! Finalmente, eu podia sentir o poder de acalmar um choro apenas com o calor dos meus braços.

Eu não dormi aquela primeira noite, admirando minha filha, mas também não conseguia parar de pensar nos outros quartos daquela maternidade. Quantas mães não ouviram seus filhos e tantas outras não os tinham ali no berço ao lado. Não dá para ser indiferente a essa dor quando já se viveu isso na pele.

Eu estava feliz, radiante, mas sabia que muitas mães padeciam ao meu lado e eu rezei por elas. Pedi para terem força e acreditar, como eu acreditei, que a tempestade chega, mas passa rápido, transforma tudo e logo traz o arco-íris para enfeitar o céu.

Ficamos dois dias e meio na maternidade e eu não via a hora de receber alta, sair com Alice nos braços e chegar com ela em casa. Quando esse momento chegou, eu chorei. Não havia chorado ainda, mas foi um misto de emoção e alívio.

Meu marido me deu um longo beijo e suspiramos felizes olhando nossa filha dormindo. Entrar com ela em casa foi igualmente emocionante! Um momento só nosso, e só entende a grandeza de sentimentos envolvidos nesse instante quem realmente passou por isso: é inexplicável!

Eu era mãe de segunda viagem, vivendo experiências totalmente novas e diferentes do que havia vivido. E não me sinto diferente das outras mães por isso. Quando se é mãe de mais de um filho, a maternidade se transforma de acordo com a necessidade e personalidade de cada um, pelo menos deveria ser assim.

Ser mãe da Helena me exigiu coisas que ser mãe da Alice até então não me havia solicitado, mas cada uma, com suas particularidades, me fez mãe duas vezes. E se outros filhos vierem, serei quantas mães forem necessárias. Afinal, para mim, filho é um compromisso de amor e responsabilidade que exige dedicação. Não que eu abra mão de ajuda ou de uma rede de apoio, mas sei que o papel principal é meu. Delegar o amor do seu filho é fugir do compromisso assumido antes mesmo de ele chegar.

Alice chegou e encontrou uma mãe disposta e disponível. Abri mão de grande parte dos meus dias de trabalho para estar com ela, já que ser profissional liberal me possibilitou isso. Faço questão de cuidar da casa, dela e de tudo que está relacionado a ela com muito prazer e alegria, porque foi isso que eu implorei a Deus, para receber uma das tarefas que mais dispende energia: ser mãe!

"Faze, pelo teu supremo poder, que esta alma se regenere na fonte dos teus divinos ensinamentos. Que, sob a proteção do seu anjo da guarda, sua inteligência se fortaleça e se desenvolva, aspirando a aproximar-se cada vez mais de ti. Que a ciência do espiritismo seja a luz brilhante a iluminar o seu caminho, através dos escolhos da existência. Que ele saiba, enfim, compreender toda a extensão do teu amor, que nos submete à prova para nos purificar. Senhor, lança o teu olhar paterno sobre a família a que confiaste esta alma, para que ela possa compreender a importância da sua missão, e faze germinar nesta criança as boas sementes, até o momento em que ela possa, por si mesma, Senhor, e através de suas próprias aspirações, elevar-se gloriosamente para ti. Digna-te, ó meu Deus, ouvir esta humilde prece, em nome e pelos méritos daquele que disse: 'Deixai vir a mim os pequeninos, porque o Reino dos Céus é daquele que se lhes assemelham!'"

Allan Kardec, em O *evangelho*
segundo o espiritismo, cap. 28.

Alice em casa

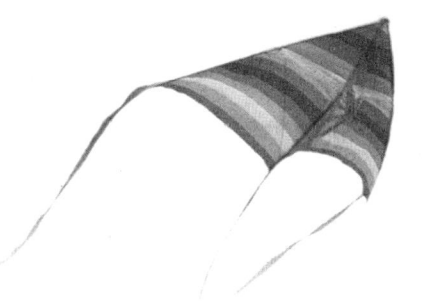

A principal finalidade de o espírito nascer criança outra vez é a de ser educado novamente.

Dora Incontri, em A *educação segundo o espiritismo*, cap. 3

ALICE ESTAVA EM casa, e eu não consigo me lembrar de outro momento na minha vida que tenha me trazido tanta alegria.

Como todo bebê recém-nascido e pais em fase de adaptação, nossa rotina diária foi totalmente reconfigurada, e demoramos alguns meses até tudo entrar nos eixos. No entanto, o fato de ver minha casa, e minha vida, de pernas para o ar, só me trazia mais alegria. Para mim, isso sempre foi sinal de vida!

Recebemos muitas visitas e isso sempre nos trouxe muita satisfação. Tomávamos todos os cuidados que um recém-nascido exige, mas ficávamos felizes em ver nossa filha no colo dos amigos. Agora, aqueles que nos buscaram dois anos atrás para oferecer um abraço e um consolo, estavam compartilhando conosco a nossa maior alegria.

Eu me sentia muito segura em relação à saúde da Alice e aos cuidados que ela exigia, e nunca me passou pela cabeça que ela pudesse sofrer qualquer tipo de problema, mesmo tendo ouvido e presenciado diversas situações aterrorizantes na época de UTI Neonatal. A gratidão por tê-la comigo era tão grande que eu mal conseguia pensar em tudo isso.

Talvez, por encarar todas as atribulações diárias com tanta gratidão, eu não tenha lembranças de dias ou noites difíceis com a Alice. A amamentação, ponto crítico para muitas mães, principalmente nos primeiros dias de vida do bebê, para mim foi tranquila e se deu de forma muito natural e deliciosa.

Era uma forma de me conectar com minha filha: ela olhava profundamente nos meus olhos e, ao terminar, era como se agradecesse com um sorrisinho de canto. Passava horas, madrugadas adentro, com ela no colo, mesmo depois de terminar a mamada. Restrição de sono, cansaço, falta de tempo para cuidar de mim, nada disso importava. Eu passei as mesmas coisas com a Helena, por motivos totalmente opostos: não dormia, preocupada com o quadro de sua saúde, com as rotinas de UTI extremamente estressantes e cansativas; mas agora os motivos pelos quais eu passava por essas situações eram sinais de saúde.

Por falar em Helena, nos primeiros meses de vida da Alice, as lembranças dela se tornaram ainda mais fortes. Eu ficava me perguntando se ela mamaria com o mesmo vigor que a irmã, se dormiria mais ou menos, como reagiria ao ver nossa caçula. Várias vezes cantei para a Alice pensando nela, embalei sua irmã para fazê--la dormir, pedindo à Maria para que fizesse o mesmo com ela. Outras vezes, após colocar Alice no berço, saía do quarto chorando, por não ter a oportunidade de fazer o mesmo com Helena.

O puerpério, período no qual as transformações sofridas no corpo da mulher durante a gestação devem ser restituídas, envolvendo a parte fisiológica e endó-crina, é também uma fase de mudanças emocionais. Existe um ser novo na casa totalmente dependente da mãe, e esta mulher está inundada de hormônios e teve toda a sua rotina de vida alterada. Ficamos mais sensíveis às opiniões, nos sentimos culpadas por tudo. O cansaço é imenso.

Viver esse período e ter que lidar com a saudade de um outro filho é extremamente desafiador. Graças a Deus, pude contar com a ajuda do meu marido. Além de me acolher nos momentos em que a saudade se transformava no choro e na cobrança, ele me ajudava muito nos cuidados com a casa e com a Alice.

A cobrança, aliás, existe até hoje, mesmo com Alice prestes a completar dois anos. Eu me cobro por, às vezes, pensar demais na irmã e não aproveitar o momento exclusivamente com ela. Certa vez, Alice estava brincando de fazer bolhas de sabão e eu fiquei ali, parada, imaginando como seria as duas brincando. Como num estalo, voltei à realidade: com todos os problemas da Helena, certamente a cena que eu acabara de criar nunca seria possível.

Tento não levar essa questão como um grande problema, pois, sempre que converso com uma amiga que tenha mais de um filho, percebo também inseguranças: um filho requer mais atenção, o outro tem um gênio mais difícil e por aí afora, exigindo a maternidade específica para cada filho como já falei anteriormente.

O amor cura!

Penso nessa frase o tempo todo. E, se me pedissem para dar uma dica de maternidade, eu diria: escreva essa frase e deixe na porta da sua geladeira. Quando seu filho deitar no chão, gritando com você, lembre-se de respirar e pensar no amor que os envolve, dê um tempo para si, volte e fale com ele calmamente. Só o amor vence todos os obstáculos. Eu fiz exatamente o que escrevo e deu certo.

Não é fácil e nunca será, pelo simples fato de não termos experimentado o amor em toda sua plenitude. Como oferecer algo que não temos? Daí o exercício diário permitido pela maternidade.

Segundo o Apóstolo Paulo: "O amor é paciente, é benigno; o amor não arde em ciúmes, não se ufana, não se ensoberbece, não se conduz inconvenientemente, não procura os seus interesses, não se exaspera, não se ressente do mal; não se alegra com a injustiça, mas regozija-se com a verdade; tudo sofre, tudo crê, tudo espera, tudo suporta". Eu não tenho um terço destes sentimentos, e acredito que poucas pessoas neste planeta tenham o amor, em toda a sua essência, como base dos seus sentimentos.

Sendo assim, nossos filhos chegam com o

compromisso de nos fazer aprender cada sentimento, parte de um todo muito maior que é o amor, exigindo um exercício diário de comprometimento e entrega. Por isso, enxergo a maternidade como algo muito maior do que gerar e trazer à vida.

Helena me indicou o caminho e Alice me colocou nele, evidenciando todos os obstáculos que preciso superar. A primeira coisa que minhas filhas me ensinaram é que posso fazer milhões de planos e infinitas programações, mas são as necessidades delas que devo acolher primeiro e, normalmente, isto acaba com tudo que planejei. Por mais que eu me organize, um imprevisto sempre acontece, e aprender a ser resiliente vai me ajudar com isso.

Elas me ensinaram a começar várias coisas ao mesmo tempo e não terminar nenhuma delas. Algo impensado dez anos atrás, e parte da rotina diária da minha casa hoje. Mostraram-me o quanto preciso ser menos exigente com o outro. Eu não admitia atrasos, por exemplo, e hoje vejo que nem sempre é fácil cumprir horário. Saio sempre na correria e ainda assim chego atrasada. Também parei de dizer: nunca deixarei meu filho fazer isso ou aquilo... Nesses dois anos, já quebrei essa regra incontáveis vezes.

Aprendi com as duas que para a maternidade ser leve, devo ser mais compreensiva e entender que todo mundo está sujeito ao erro. E tudo bem errar. Basta repensar as atitudes, pedir perdão e tentar de novo. Se tem amor, está tudo bem.

Fica aqui uma ressalva: a linha que separa o egoísmo do desapego, na maternidade, é muito tênue. Não defendo a anulação da mulher frente ao filho ou à família, mas ausentar-se do papel de cuidadora e educadora, seja com qual desculpa for, é imprudente e um ato de desamor. O equilíbrio sempre deve ser a busca constante. Na família, cada indivíduo tem papel específico e importante na educação do espírito que acaba de chegar.

Como já frisei, pude optar por passar grande parte do meu tempo me dedicando à Alice. Isso não me torna uma mãe melhor do que as que precisam voltar ao trabalho mais cedo. Eu posso cuidar da minha filha grande parte da semana, e ainda assim conto com o apoio da escola e da minha mãe. Nem por isso, também, sou pior do que aquela que se dedica integralmente ao filho.

Obviamente, não se educa um espírito aos fins de semana. É necessário tornar todo e qualquer tempo disponível com nossas crianças em trabalho amoroso de educação e orientação no caminho do bem. Exemplificar, por meio de atitudes, tudo o que pretendemos ensinar.

"Desde o berço, a criança manifesta os instintos bons ou maus que traz de sua existência anterior. É necessário aplicar-se em estudá-los. Todos os males têm sua origem no egoísmo e no orgulho. Espreitai, pois, os menores sinais que revelam os germens desses vícios e dedicai-vos a combatê-los, sem esperar que eles lancem raízes profundas. Fazei como o bom jardineiro, que arranca os brotos daninhos à medida que os vê aparecerem na árvore. Se deixardes que o egoísmo e o orgulho se desenvolvam, não vos espanteis de ser pagos mais tarde pela ingratidão.

Quando os pais tudo fizeram para o adiantamento moral dos filhos, se não conseguem êxito, não tem do que lamentar e sua consciência pode estar tranquila. Quanto à amargura muito natural que experimentam, pelo insucesso de seus esforços, Deus reserva-lhes uma grande, imensa consolação, pela certeza de que é apenas um atraso momentâneo, e que lhe será dado acabar em outra existência a obra então começada, e que um dia o filho ingrato os recompensará com o seu amor."

Allan Kardec, em O *evangelho segundo o espiritismo*, cap. 14-9.

"Organizada, a família, antes da reencarnação, quando são eleitos os futuros membros que a constituirão, ou sendo resultado da precipitação e imprevidência sexual de muitos indivíduos, é sempre o santuário que não pode ser desconsiderado sem graves prejuízos para quem lhe perturbe a estrutura. É permanente oficina onde se caldeiam os sentimentos e as emoções, dando-lhes a direção correta e a orientação segura para os empreendimentos do futuro."

Joanna de Ângelis, por Divaldo Pereira Franco, em *Constelação familiar*, cap. 2.

"Eduque – e traçará linhas de caráter. (...)
Evangelizar é redimir. (...)
Quando você ensina, transmite.
Quando você educa, disciplina.
Mas quando você evangeliza, salva.
Instruído, o homem conhece; educado, vence; evangelizado, serve sem cansaço, redimindo-se.
Não se detenha!"

Amélia Rodrigues, em *Sublime sementeira*, cap. "Esse tesouro".

Comunicação da Helena

Tudo se explica, se torna claro com a doutrina das vidas sucessivas. A lei de justiça revela-se nas menores particularidades da existência.

Léon Denis, em O *problema do ser, do destino e da dor*, cap. 13

COMECEI, NO FINAL de 2018, a trabalhar em uma reunião mediúnica no centro espírita onde já participo do trabalho de evangelização infantil. Eu havia feito um curso de educação da mediunidade há muitos anos. Cheguei, inclusive, a participar de alguns grupos mediúnicos, mas ainda não tinha me identificado com o trabalho em si, talvez por não ter maturidade suficiente para identificar o meu compromisso.

Minha mediunidade não é ostensiva. Não vejo, ouço ou psicografo, mas a intuição sempre me foi algo muito marcante, principalmente dentro do trabalho da doutrina. Sendo assim, identifiquei-me rapidamente com a função de atendente (ou doutrinadora, como algumas pessoas conhecem, mas por achar uma palavra que lembra imposição, prefiro o termo atendente).

O grupo do qual participo acolheu-me com muito carinho e paciência e, em pouco tempo, o meu trabalho já se tornava ativo.

A maioria das pessoas, nesse grupo, não tinha conhecimento da minha história com Helena, e eu também nunca falei nada a respeito.

No dia 12 de janeiro de 2019, três dias antes da desencarnação da minha filha completar três anos, algo diferente aconteceu durante a reunião. Eu havia passado a tarde toda atendendo uma mãe que acabara de se despedir de sua bebê com pouco mais de 15 dias e que me procurou para um atendimento fraterno. Reviver, através dela, todos os sentimentos associados a essa despedida, tão próximo a uma data marcante, deixou-me abalada emocionalmente. Mas tentei me refazer, rezei muito, pedindo auxílio e orientação, e segui para a reunião mediúnica.

Logo no início, uma das médiuns disse perceber uma vibração junto a mim que remetia à saudade e tristeza, mas não conseguia saber exatamente do que se tratava. Eu imaginei ser por conta do atendimento que havia feito horas antes e continuei na minha função, auxiliando outros médiuns. No entanto, ao aproximar-me dela novamente, ela pediu para que eu me concentrasse, pois ainda sentia uma presença comigo. Foi então que comecei a chorar copiosamente. Perdi totalmente o controle do meu corpo, e me vi novamente dentro da UTI neonatal, no quarto onde três anos antes eu estava junto do corpo sem vida da minha filha. Mas nesse quarto, diferentemente do que aconteceu, estávamos só ela e eu, e então eu pude fazer o que passei anos me cobrando por não ter feito: peguei-a no colo e beijei-a muito! Abracei seu corpo ainda quentinho com toda a minha força e chorei muito, até perder o sentido. Alguém que me dava um passe começou a dizer que eu precisava chorar... precisava daquele momento, de mostrar minha fraqueza diante daquela dor. Aos poucos, fui retomando a consciência e o choro cessou, de repente, assim como havia chegado. Senti-me leve, como não me sentia há tempos.

Acredito ter passado por uma catarse e, por isso, senti-me tão aliviada. Finalmente, eu havia me despedido da minha filha, da maneira que considerava correta.

Na semana seguinte, dia 19, a mesma médium disse que sentia algo, mas estava com muita dificuldade de definir exatamente o que era. Naquele dia, não consegui fazer atendimento, tinha muita dificuldade de me concentrar. Era como se algo me pedisse, insistentemente, para me sentar e orar. Foi o que fiz. Em poucos minutos, ouvi a médium chorar. O companheiro que fazia o seu atendimento começou a pedir calma para aquele espírito que acabara de se aproximar, e então eu ouvi:

– É só saudade. Estou chorando de saudade, mamãe!

Do outro lado da sala, sem abrir os olhos, tive a certeza de que se tratava da Helena. Ela continuou:

– Estou num lugar tão lindo, mamãe. Fica em paz! É tudo muito lindo, estou com saudade, fica em paz, mamãe.

A médium recobrou sua consciência, olhou para mim e disse:

– Eu vi uma menina e um hospital. E ela me mostrava você.

A cena foi confirmada por outro médium, presente no atendimento, que viu um espírito que se apresentava como uma menina de cerca de três anos que apontava para mim.

Foi nesse momento que contei minha história para eles. Era minha filha! Helena finalmente havia falado comigo! Ela sabia o quanto me atormentava o fato de não ter estado ao seu lado nos seus últimos minutos. Sabia o quanto me doía a culpa por não a ter acolhido em meus braços naquele momento. Mas ela me perdoou, pediu para que eu ficasse em paz. E desde então, sinto-me assim: em paz!

"Não há abismo que o amor não possa encher. Deus, todo amor, não podia condenar à extinção o sentimento mais belo, o mais nobre dentre todos os que vibram no coração do homem. O amor é imortal como a própria alma."

Léon Denis, em *O problema do ser, do destino e da dor*, cap. 8.

"Por toda parte se encontra a vida. A Natureza inteira mostra-nos, no seu maravilhoso panorama, a renovação perpétua de todas as coisas. Em parte alguma há a morte, como, em geral, é considerada entre nós; em parte alguma há o aniquilamento; nenhum ente pode perecer no seu princípio de vida, na sua unidade consciente. O Universo transborda de vida física e psíquica. Por toda parte o imenso formigar dos seres, a elaboração de almas que, quando escapam às demoradas e obscuras preparações da matéria, é para prosseguirem, nas etapas da luz, a sua ascensão magnífica.

A vida do homem é como o Sol das regiões polares durante o estio. Desce devagar, baixa, vai enfraquecendo, parece desaparecer um instante por baixo do horizonte. É o fim, na aparência; mas, logo depois, torna a elevar-se, para novamente descrever a sua órbita imensa no céu.

A morte é apenas um eclipse momentâneo na grande revolução das nossas existências; mas, basta esse instante para revelar-nos o sentido grave e profundo da vida. A própria morte pode ter também a sua nobreza, a sua grandeza. Não devemos temê-la, mas, antes, nos esforçar por embelezá-la, preparando-se cada um constantemente para ela, pela pesquisa e conquista da beleza moral, a beleza do espírito que molda o corpo e o orna com um reflexo augusto na hora das separações supremas. A maneira por que cada qual sabe morrer é já, por si mesma, uma indicação do que para cada um de nós será a vida do Espaço."

Léon Denis, em *O problema do ser,
do destino e da dor*, cap. 10.

Sendo mãe da Alice

Cabe-nos aprender a conhecer a nós próprios e as nossas potencialidades. Compete-nos utilizá-las. Não nos entreguemos ao desespero.

Léon Denis, em O *problema do ser, do destino e da dor*, cap. 20

A **GRATIDÃO É O** sentimento que caminha ao lado da maternidade da Alice: faço questão de agradecer todos os dias por tê-la comigo.

Isso não significa que ser mãe da Alice é um mar de rosas, dias floridos e alegres, inundados de serenidade e harmonia. Ela é um bebê arco-íris, sim. Mas é uma criança como outra qualquer.

Ela sempre se mostrou cheia de personalidade. Desde muito bebezinha já demonstrava quando não gostava de algo. É impaciente e sempre sabe como se fazer entender quando quer algo. Por isso, fui ensinando-a a pedir ajuda quando não consegue brincar com alguma coisa, em vez de jogar o brinquedo longe; pedir por favor em vez de mandar; a falar obrigada. E é incrível como ela aprende rápido! E é ainda mais emocionante quando a ouço agradecendo, mesmo que seja quando recebe um pedacinho de azeitona.

Tem dias fáceis aqui em casa e outros muito cansativos (física e emocionalmente). Tem marido irritado com muitas cobranças, tem criança se jogando no chão, porque quer ver TV, tem mãe descabelada sem almoço, sem escovar os dentes e cansada ainda no meio do dia.

Acredito que a diferença maior na nossa família é que, mesmo nesses momentos que testam a nossa paciência, a gente valoriza demais e faz questão de vivenciá-los muito de perto. Somos muito presentes na vida da Alice, cada um abrindo mão um pouquinho de coisas que fazíamos antes de sermos os pais dela. Aqui não tem só mãe fazendo tudo sozinha, tem pai lavando louça, dando banho, limpando banheiro... Somos uma dupla e tanto!

Quando deito exausta à noite, eu deito feliz! Mesmo sabendo que Alice acordará uma ou duas vezes, toda noite.

Corro atrás, preparo outra comida, ofereço todas as frutas da geladeira até descobrir qual ela quer. Paro a faxina para pegar no colo e brincar de desenhar, ou para descer no parquinho – e também dou uma surtada, por saber que quando subir ainda tenho uma bagunça para terminar de ajeitar. Mas está tudo ótimo: casa bagunçada por causa de um filho é sinal de filho com saúde!

Ser mãe da Alice é me reinventar todos os dias. Por ela viro cantora, cavalinho, bailarina, até tela de pintura para ela testar as cores da tinta guache.

Amo abraçá-la, beijá-la, dizer que a amo! Mas amo ainda mais quando ela diz baixinho: "te amo, mamãe".

E, para os dias em que ela cisma em repetir a mesma frase, mais de mil vezes, só para chamar atenção, eu peço paciência. Sei que esse é um dos sentimentos que a maioria dos pais tem que exercitar, e comigo também é assim. Peço para ser mais paciente com ela, mais consciente das suas limitações, afinal ela é só uma criança! Mas logo será só uma criança grande, e depois adolescente e, quando eu menos esperar, será mamãe também. E estarei por perto, oferecendo meu colo e meus conselhos e, claro, continuarei pedindo paciência e serenidade, porque ela, provavelmente, pensará diferente de mim e conduzirá as dificuldades do seu jeito. E eu terei que respeitar.

Espero poder educar minha filha com todo amor que existe em mim, e peço a Deus para ela percebê-lo, mesmo nos momentos em que seja preciso ser firme. Espero dizer todos os 'sins' possíveis e os 'nãos' necessários, para que o futuro da Alice seja tão cheio de luz quanto o seu presente.

Desejo ter a oportunidade de vê-la realizar seus sonhos, sejam quais forem, com responsabilidade e alegria. Quero ver minha filha sendo luz no caminho das pessoas ao seu redor e ter o orgulho de ouvi-la dizer que parte do que é se deve a nós, seus pais!

Não espero uma filha perfeita, cheia de sucesso ou reconhecida por um feito extraordinário. Espero uma filha justa, humilde, paciente, amorosa, que conquiste a todos por sua verdade e pelo seu caráter. Todo o resto é consequência!

Ser mãe da Alice é voltar a fazer planos sem medo. É carregar um 'amor-laço': estamos ligadas uma a outra, mas ela tem a liberdade de seguir sozinha, assim que se sentir pronta.

Não quero que sejamos 'nó', que quanto mais se tenta afastar as pontas, mais forte ele fica e mais prende um ao outro. Gerei seu corpo, coloquei-a em seu caminho e espero lhe dar todas as ferramentas necessárias para que saiba superar os obstáculos que possam surgir. Mas sonho em vê-la seguindo seus passos, livre e feliz, tendo a certeza de que ela voltará sempre que precisar.

Estaremos sempre, eu e seu pai, de peito e braços abertos para comemorarmos seu retorno, suas conquistas e sua história.

Amo ser mãe da Alice, como amei ser mãe da Helena!

O DEPOIMENTO DE UM FILHO QUE PARTIU

Maurice Gontran desencarnou aos dezoito anos. Sua morte foi para os pais um golpe profundo. Preocupado com o estado deles, Maurice envia-lhes mensagem de consolo, por meio de um amigo do casal, meses depois de sua morte:

"A dor de meus pais aflige-me, mas ela se acalmará quando eles tiverem a certeza de que não estou perdido para eles. Era preciso este acontecimento para levá-los a uma crença que fará a felicidade deles, pois impedi-los-á de murmurar contra os decretos da Providência. Meu pai era muito cético a propósito da vida futura; Deus permitiu que ele tivesse esta aflição para tirá-lo de seu erro.

Nós nos reencontraremos aqui, neste mundo onde não se conhecem mais os desgostos da vida, e no qual os precedi.

(...) O desespero é uma revolta contra a vontade do Onipotente, e que é sempre punida pelo prolongamento da causa que trouxe esse desespero, até que haja enfim submissão.

O desespero é um verdadeiro suicídio, pois mina as forças do corpo, e aquele que abrevia seus dias com o pensamento de escapar mais cedo às constrições da dor, prepara para si as mais cruéis decepções; ao contrário, é para manter as forças do corpo que é preciso trabalhar para suportar mais facilmente o peso das provas.

Meus bons pais, é a vós que me dirijo. Desde que deixei meus restos mortais, não cessei de estar junto de vós, e estou aí mais frequentemente do que quando vivia na Terra. Consolai-vos, portanto, pois não morri; estou mais vivo do que vós; só meu corpo morreu, mas meu espírito vive sempre. Ele é livre, feliz, doravante ao abrigo das doenças, das enfermidades e da dor.

Em vez de vos afligirdes, regozijai-vos por me saber num meio isento de preocupações e de alarmes, onde o coração está inebriado de uma alegria pura e sem mistura.

Oh! meus amigos, não lastimeis aqueles que morrem prematuramente; é uma graça que Deus lhes concede, poupar-lhes as atribulações da vida. Minha existência não devia prolongar-se por muito mais tempo desta vez na Terra; eu adquirira aí o que devia adquirir a fim de me preparar para cumprir mais tarde uma missão mais importante. Se tivesse vivido aí longos anos, sabeis a que perigos, a que seduções teria sido exposto?

Sabeis que se, não sendo ainda bastante forte para resistir, eu tivesse sucumbido, podia ser para mim um atraso de vários séculos? Por que então lamentar o que me é vantajoso?

(...) Só sofri antes de morrer por causa da doença que me levou, mas esse sofrimento diminuía à medida que o último momento se aproximava; depois, um dia, adormeci sem pensar na morte. Sonhei; oh! um sonho delicioso! Sonhava que estava curado; não sofria mais, respirava a plenos pulmões e com volúpia um ar perfumado e fortalecedor; era transportado através do espaço por uma força desconhecida; uma luz brilhante resplandecia à minha volta, mas sem me cansar a vista.

Vi meu avô; ele não tinha mais a figura descarnada, mas sim um ar de frescor e de juventude; estendeu-me os braços e me apertou efusivamente contra o coração.

Uma multidão de outras pessoas, de rosto sorridente, o acompanhava; todas me acolhiam com bondade e benevolência; parecia-me reconhecê-las, estava feliz de revê-las, e todos juntos trocávamos palavras e provas de amizade. Pois bem! O que eu acreditava ser um sonho era a realidade; eu não devia mais despertar na Terra: despertara no mundo dos espíritos. (...) O tempo que eu devia viver na Terra estava marcado, e nada me podia reter aí por mais tempo.

Meu espírito, nos seus momentos de desprendimento, sabia-o bem, e estava feliz pensando em sua libertação próxima. Mas o tempo que passei aí não foi sem proveito, e congratulo-me hoje por não o ter perdido.

Adeus, caro amigo, vou para junto de meus pais, dispô-los a receber esta comunicação."

Maurice[9]

---

[9] Do livro *O céu e o inferno*, de Allan Kardec (2ª parte, cap. 2), uma das cinco obras básicas da codificação do espiritismo. Nele há inúmeras outras comunicações de espíritos de vários níveis evolutivos, sobre a desencarnação e a justiça divina. (N.E.)

Luto – a necessária superação

A **VIDA É COMO** um rio. Rio que da nascente até o oceano passa por diversas fases e desafios, enfrentando planícies por onde desliza suavemente, e de repente cachoeiras e quedas abruptas, que fazem remexer as entranhas de suas águas.

Cada um de nós está imerso nas águas do rio da vida, ora no corpo biológico, ora no mundo espiritual. Mas sempre, como o rio, avançando o curso e alargando horizontes.

Afirma Jesus, em João 10:10: "... Eu vim para que tenhais vida e vida em abundância...".

A fala do Mestre Nazareno reporta duas vezes à palavra "vida", no singular. Isso demonstra que, seja hoje ou há 10 séculos, você e eu somos o mesmo espírito, porém em ciclos diferentes da escola da vida, no rio da existência.

Desde pequenos somos levados a testes, avaliações, até mesmo provas e exames escolares. Há um estudo básico, fundamental, e na sequência vem um segundo ciclo de preparo para os caminhos que levam a níveis superiores.

Estudamos, aprendemos, passamos por baterias de avaliações, mas a cada período, ou ano escolar, seguimos adiante. Absorvemos disciplinas diversas na formação intelectual, e inclusive na escola do lar.

Mas um dos temas que deveriam ser abordados tanto no ambiente doméstico como no escolar é sobre a realidade da vida e da morte. Porém, isso infelizmente não acontece.

Observamos com frequência pessoas que trabalham em excesso, a ponto de perderem a saúde, tudo para juntarem patrimônios, bens, acumular tesouros; perdem um tempo precioso e depois acabam gastando este dinheiro para recuperarem a saúde que não cultivaram.

Outros divagam a mente em preocupações e cultivam ansiedade em relação ao dia de amanhã. Preocupados com um futuro que nunca chega, esquecem do hoje, do aqui agora, e acabam não vivendo bem nem no presente, nem no amanhã.

Há aqueles que vivem dos prazeres, na procrastinação, deixando tudo para depois. Vivem como se nunca fossem morrer e, de repente, chega a desencarnação e morrem como se nunca tivessem vivido. Desafios e desafios, que visitam pessoas de todos os níveis sociais, financeiros, intelectuais ou religiosos.

Quando a desencarnação de um parente ou um ente querido acontece, são pegos de surpresa como um aluno que esquece o dia da prova, que acaba entrando em desespero.

Trabalhando já há meio século no atendimento fraterno a pessoas, e neste mesmo tempo também atuando na mediunidade, observamos algumas etapas muito comuns, enfrentadas por pessoas que experimentam o delicado momento da morte biológica de pessoas próximas, e que acabam passando grande parte das vezes por estes estágios no processo do luto:[10]

1º estágio – **Negação** do acontecimento

A pessoa prefere negar, dizer que deve ser engano, que não é o parente ou amigo dela, que deve ser outra pessoa, apenas alguém com o mesmo nome. É uma maneira de defender-se emocionalmente. Esta situação pode durar alguns momentos ou prolongar-se por anos. Há pessoas que ficam esperando o retorno de seu ente querido, mesmo tendo passado pelo velório e o sepultamento. É como se uma parte do raciocínio ficasse congelada.

---

10 Passos ou estágios do luto na obra de Elisabeth Kübler-Ross, *Sobre a morte e o morrer*, editora WMF Martins Fontes.

2º estágio – **Raiva**

A pessoa sente uma sensação de medo misturado com culpa, que gera raiva em intensidade, variando de pessoa para pessoa. Normalmente é o estágio mais delicado do luto, pois, sensibilizada, a pessoa age de forma incongruente, tendo às vezes comportamentos desagradáveis, que pode transformar o velório ou os dias seguintes numa tempestade mental de emoções perturbadoras. Descarrega esta raiva em quem está em torno, ou em outros que responsabiliza pelo ocorrido. Chega a enfrentamentos com Deus, afirmando que foi injustiçado, ou rompendo relações com o Criador.

3º estágio – **Negociação**

Esse estágio vem após a fase da raiva. Não tendo a pessoa alcançado os resultados desejados, de acordo com suas crenças ou valores, pode começar a fazer uma barganha com as forças superiores da vida, seja através de orações contínuas, com frenesi, promessas, pactos, mas sempre querendo ganhar uma concessão especial, ou mesmo uma graça ou um milagre.

4º estágio – **Depressão**

Essa é a próxima etapa que muitos enfrentam, por não terem conseguido o resultado desejado com a barganha. É uma fase de grande sofrimento, pois ela desafia também quem está próximo. Para quem está na depressão, não existem palavras de consolo, é um período de choro, de querer se isolar de tudo e de todos, de perceber a falta da presença física do outro. Para quem acompanha, o melhor é ouvir e deixar que a pessoa faça a catarse natural.

5º estágio – **Aceitação**

Com o passar do tempo, o sofrimento vai ficando um pouco mais suavizado, e a pessoa começa a tecer os primeiros fios de reflexões, passando a ter sensações e percepções mais equilibradas, perante a desencarnação ocorrida. Volta a falar em vida após a morte do corpo, sobre vida no além, reduz expectativas, e esse serenar de emoções abre espaço para a aceitação do momento de desafio. Os ventos da esperança recomeçam a visitar o mundo íntimo da pessoa, e vem uma sensação de que nem tudo em sua vida está acabado.

Para alguns, até mesmo pensar em morte é algo pavoroso, mas a cada dia, torna-se mais urgente abrimos espaços para reflexões sobre este tema, nos diálogos religiosos e principalmente familiares.

Mesmo sendo delicado, é preciso nos conscientizarmos de que da mesma forma que pessoas do nosso relacionamento vão passar por esta realidade, também todos nós precisamos aceitar que um dia experimentaremos a desencarnação, pela morte do corpo que hoje utilizamos como morada temporária.

Assim, necessitamos estar conscientes de que ao longo da vida, estamos sujeitos a sentir algumas vezes a dor da partida de pessoas queridas.

Nossas crianças e jovens precisam ser informados desde cedo sobre esta realidade, com exemplos adequados a cada faixa etária, para que possam enfrentar mais preparadas, com mais coragem e autoconhecimento este momento de sensibilidade e emoções.

Por isso, para o melhor enfrentamento desses momentos delicados, o melhor é buscar leituras, palestras ou outros canais de esclarecimentos sobre o assunto, para que a realidade da desencarnação seja entendida como processo natural, em que o espírito finaliza a sua jornada na Terra e retorna ao plano espiritual.

Temos a certeza de que a leitura atenciosa das páginas de *As cores de Alice* trará inúmeras reflexões sobre o luto, seu enfrentamento e, por fim, a sua libertadora superação.

ARMANDO FALCONI FILHO

Autor de *Perda de pessoas amadas* e
de *Perdão gera saúde*, editora EME.
@falconiarmando
armandofalconi@gmail.com

Esta edição foi impressa nas gráficas da Assahi Gráfica e Editora, de São Bernardo do Campo, SP, sendo tiradas três mil cópias, todas em formato fechado 140x210mm e com mancha de 94x162mm. Os papéis utilizados foram o RB Offwhite (Rio Branco) 70g/m^2 para o miolo e o cartão Supremo Alta Alvura (Suzano) 300g/m^2 para a capa. O texto foi composto em Goudy Old Style 12,5/15,75 e os títulos em Roboto 36/39. Eliana Haddad e Izabel Vitusso realizaram a preparação do texto. Bruno Tonel elaborou a programação visual da capa e o projeto gráfico do miolo.

NOVEMBRO DE 2019